UNFAIR!

UNFAIR!
FÜR EINE GERECHTE GLOBALISIERUNG

Gerd Müller

MURMANN
MURMANN PUBLISHERS

Fotorechte:
S. 97–109: photothek.net
S. 110–111: privat

Dieses Buch wurde klimaneutral produziert

Climate Partner °
klimaneutral

Druck | ID 11244-1705-1002

Bibliografische Information der Deutschen Nationalbibliothek
Die Deutsche Nationalbibliothek verzeichnet diese Publikation in
der Deutschen Nationalbibliografie; detaillierte bibliografische
Daten sind im Internet über http://dnb.d-nb.de abrufbar.

Druck und Bindung: Steinmeier GmbH und Co. KG, Deiningen
Printed in Germany

ISBN 978-3-86774-579-6

Besuchen Sie uns im Internet: www.murmann-publishers.de
Ihre Meinung zu diesem Buch interessiert uns!
Zuschriften bitte an info@murmann-publishers.de
Den Newsletter des Murmann Verlages können Sie anfordern unter
newsletter@murmann-publishers.de

INHALT

Vorwort _____ 7

Einleitung _____ 13

WIE DIE WELT BESCHAFFEN IST _____ 19

Das globale Dorf _____ 20

Acht, zehn, zwölf Milliarden Menschen _____ 30

Die neue Völkerwanderung _____ 38

Die Schöpfung bewahren _____ 48

WAS ZU TUN IST _____ 57

Ressourcengerechtigkeit _____ 58

Vom freien zum fairen Handel _____ 68

Hunger ist Mord _____ 78

Bildung als Schlüsselfrage _____ 90

Ein Marshallplan mit Afrika _____ 116

WOHIN DIE REISE GEHEN SOLL _____ 135

Ökosoziale Marktwirtschaft für alle _____ 136

Arm und Reich _____ 150

Nachhaltiges Wachstum _____ 158

Werte und Religion _____ 174

Epilog

Globalisierung gerecht gestalten –

Erfahrungen, Erkenntnisse, Lösungen _____ 183

Leitlinien für das Leben im 21. Jahrhundert _____ 188

Ausgewählte Literatur _____ 190

VORWORT

Das vorliegende Buch von Bundesminister Dr. Gerd Müller ist bemerkenswert. Es zeichnet ein Bild der vielfältigen Herausforderungen, Schwierigkeiten, Brüche und Politikinkohärenzen, mit denen die Welt heute konfrontiert ist, und macht deutlich, was es für die Entwicklungszusammenarbeit bedeutet, diese Situation meistern zu müssen. Die zunehmende Migration und Flucht nach Europa macht die weltweiten Verwerfungen auch unmittelbar bei uns in Deutschland sichtbar.

Die Weltgemeinschaft operiert seit Langem im Rahmen eines offenen Handelssystems und internationaler Verträge über den Warenaustausch. Die Grundidee dabei war eine immer weiter gehende Liberalisierung der Austauschbeziehungen von Wissen, Geld, Informationen und Waren, nicht aber von Menschen. Arme Menschen sind de facto in ihren Heimatstaaten gefangen. Ihnen wird globale Bewegung verwehrt. Man kann ihnen deshalb in ihren jeweiligen Ländern Arbeitsbedingungen aufzwingen, die im weltweiten Vergleich völlig inakzeptabel sind und die niemals akzeptiert werden würden, wenn die Welt ein einziger demokratischer Staat wäre. Hätten wir eine Weltdemokratie, gäbe es im Minimum ein Recht auf freie Bewegung für alle, was dazu führen würde, dass ärmere Menschen massenhaft in die reichen Zentren ziehen würden.

Wir haben ein Signal der totalen Unzufriedenheit mit den Gegebenheiten auf dieser Welt jüngst in Form der großen Migrationswelle erlebt, die die europäische Politik massiv getroffen hat. Migration resultiert aus exorbitanten globalen Unterschieden in der Lebenssituation und in den Perspektiven der Menschen.

Woher resultieren die aktuellen Probleme? Unser offenes Handelssystem ist insgesamt ein wohlstandssteigerndes System, das es insbesondere Macht-, Informations-, Wissens- und Geldeliten in der reichen wie der armen Welt erlaubt, die erzielten Gewinne in überproportionaler Höhe zu sich selbst zu lenken, sowohl zulasten der eigenen Bevölkerung, als auch zulasten der Armen überall auf dieser Welt. Der hier wirksam werdende Mechanismus führt zur Aushebelung der Demokratie vor Ort, gerade auch in den reichen Ländern. Die Reaktionen der »Verlierer« sind massiv: Weg von der Globalisierung, zurück zum Nationalstaat, zurück zur eigenen Demokratie, in der die eigene Stimme noch etwas zu zählen scheint. Dass die Versprechen, die vonseiten alternativer Politik gemacht werden, nicht erfüllbar sind, steht auf einem anderen Blatt.

Im Ergebnis entsteht eine Situation extremer Inkohärenz in der Politik. Während wir heute auf der einen Seite nicht mehr freie Märkte als Antwort auf die Probleme der Welt postulieren, sondern grüne und inklusive Märkte, während wir darüber debattieren, dass wir mehr sozialen Ausgleich brauchen, laufen die tatsächlichen Entwicklungen in eine gegenteilige Richtung. Wir thematisieren auch, dass die Globalisierung ein anderes Handelssystem braucht, einen fairen Handel, nicht nur einen freien Handel. Die tatsächlichen Verhältnisse sind aber auch hier genau entgegengesetzt.

Das liegt auch daran, dass wir unter internationalen Verträgen operieren, die noch aus den Zeiten stammen, als die Logik der freien Märkte die dominierende Philosophie war und als Lösung für die existierenden wirtschaftlichen Probleme angesehen wurde. Exemplarisch genannt sei die Welthandelsordnung der WTO. Der Washington Konsensus, ein Wirtschaftsprogramm für sich entwickelnde Staaten aus den 1990er-Jahren, basierte noch auf der Philosophie, dass der Staat sich zurückziehen soll.

Seit der Weltfinanzkrise ist die Sichtweise eine andere. Mittlerweile wird im öffentlichen Raum wieder ausgesprochen, was in der Sache schon immer klar war, dass wir nämlich einen starken Staat und eine ordnende Hand für die Wirtschaft brauchen. Wir brauchen Standards und Regulierung, wir müssen die Umwelt schützen, und vor allem müssen wir die Balance der Gesellschaft fördern und so eine Gesellschaft der Mitte erreichen, die alle mitnimmt und insbesondere allen Menschen Gesundheit und Zugang zu Bildung und zumindest eine Annäherung an Chancengleichheit eröffnet.

Die heutige Marktphilosophie der internationalen Organisationen wie UN, IWF, WB und OECD lautet: *green and inclusive*. Das hört sich gut an. Aber die Umsetzung ist schwierig, nicht nur national, erst recht international. Schlüsselelemente wie der unbedingt erforderliche Finanzausgleich sind umstritten.

Insofern fordern wir einen fairen Handel, sorgen aber dafür, dass der Starke sich auf dem Markt durchsetzt und den Schwachen zum Rohstofflieferanten degradiert. Wir schaffen Bedingungen, unter denen die Eliten ärmerer Länder mit den Eliten reicher Länder kooperieren und Deals vereinbaren, die reichen Ländern den Zugriff auf die Ressourcen ärmerer Länder eröffnen, und zwar so, dass die Bevölkerung vor Ort wenig davon hat, die dortigen Eliten aber umso mehr und ebenso wir in der reichen Welt, die wir als Wirtschafts- und Finanzpartner der dortigen lokalen Eliten fungieren.

Was bedeutet dies nun für den Autor dieses Buches, für sein Ministerium und für weitere Organisationen der Entwicklungszusammenarbeit? Einem Ministerium für wirtschaftliche Zusammenarbeit und Entwicklung kommt in unserer Welt, neben objektiv auszuführenden Aufgaben, insbesondere auch die Rolle einer nachgeordneten »Reparaturwerkstatt« zu, die Pflaster auf Wunden klebt, die wir zuvor aufgerissen haben. Wir sind beteiligt an der Etablierung und dem Erhalt einer internationalen Finanzstruktur, bei der die Korruption blüht und jedes Jahr mehr als 50 Milliarden US-Dollar über illegale Kapitalabflüsse aus Afrika in Steuerparadiese hinausgeschleust werden. Während wir dem vielen Geld und den Rohstoffen Wege aus afrikanischen Ländern heraus eröffnen, stellen wir gleichzeitig Hilfen zur Verfügung, um auf diese Weise erzeugte Schäden wieder zu beseitigen. Die Finanzmittel, die wir für Schadensbewältigung einsetzen, liegen dabei allerdings weit unterhalb der Volumina, die an anderen Stellen illegal aus den betroffenen Ländern herausgeschleust werden.

Insbesondere erlauben wir es den ärmeren Ländern im Rahmen der WTO nicht, den Weg einzuschlagen, der die Basis der Wohlstandsbildung aller reichen Länder war, nämlich hinter Schutzmauern ihre eigenen Industrien zu entwickeln. Zudem nehmen wir durchaus gerne und selektiv besonders gut ausgebildete, vielversprechende, intelligente Menschen aus diesen Ländern bei uns auf und zahlen für diesen Transfer eher nicht. Hier könnte man sich bessere Lösungen vorstellen. Dabei ist die jetzige Situation dennoch besser als nichts, denn in jedem *brain drain* liegt auch ein *brain gain*. So ist anzuerkennen, dass das Gesamtvolumen der weltweiten Rücküberweisungen von Arbeitsmigranten fast dreimal so groß ist wie die öffentlichen Mittel der entwickelten Staaten für internationale Entwicklungszusammenarbeit (ODA).

Man kann die aktuelle Situation auch so beschreiben: Ein international, vor allem von den zurückliegenden Ländern, als fair angesehenes Handelsabkommen konte bisher nicht geschlossen werden. Im Rahmen der UN, bei der die ärmeren Länder eine strukturelle Mehrheit haben, ist dies nie gelungen. Denn die Vorstellungen der Mehrheit waren für die reicheren Länder nicht akzeptabel.

Die reichen Staaten haben den sich entwickelnden Staaten deshalb einen Deal in der WTO, und damit außerhalb der UN, angeboten. Dieser Deal ist für die Entwicklung der ärmeren Länder immer noch besser als keiner. Aber das bedeutet nicht, dass es für die Welt nicht insgesamt einen besseren Deal geben könnte, ein besseres Programm: nicht (nur) freie Märkte, sondern tatsächlich faire Märkte.

Hier setzt das Engagement von Minister Müller an. Unermüdlich besucht er die Länder des Südens, unermüdlich sucht er nach der Wahrheit vor Ort, der *ground truth*. Unermüdlich sucht er nach besseren Lösungen. Mit einem unvoreingenommenen jugendlichen Blick, vielleicht dem Blick eines katholischen Pfadfinders, auf jeden Fall dem Blick eines auf dem Land aufgewachsenen und bodenständigen Menschen schaut er auf die Welt. Es ist der Blick eines Menschen, der ein elementares Gerechtigkeitsgefühl in sich trägt und sich durch schöne Worte und Formeln nicht in die Irre führen lässt. Er ist außerdem ein Mensch, der den Mut hat, auszusprechen, dass große Diskrepanzen bestehen zwischen dem, was wir empfinden, sagen, fordern und für richtig halten, und dem, was tatsächlich passiert. Dabei sollte nicht vergessen werden, dass unsere Zustimmung zur heutigen Handelslogik nicht immer nur die von Getriebenen war. Oft waren wir Anstifter, die die heutigen Verträge aktiv vorgeschlagen haben, durchaus auch zum eigenen Vorteil.

Der Spagat, den ein Politiker wie Dr. Müller, machen muss, ist gewaltig. Aber die Wirkung, die er mit seiner Art, die Dinge zu tun, erzielt, ist es auch. Er ist glaubwürdig in einem schwierigen Umfeld. Die von ihm vertretene Linie einer ökologisch-sozialen Marktwirtschaft in weltweiter Perspektive, die die Nachhaltigkeitsziele ernst nimmt, hat zumindest ein großes Potenzial ebenso wie die Agenda 2030. Letztere gerade auch vor dem Hintergrund der deutlich gewordenen Migrations- und Fluchtrisiken, die den europäischen Zusammenhalt bedrohen und ebenso ein soziales Auseinanderbrechen der reichen westlichen Gesellschaften zur Folge haben können. Es ist bemerkenswert, dass auf dem diesjährigen Weltwirtschaftsforum in Davos die zunehmende soziale Spaltung neben Umweltrisiken als das größte Risiko, das heute die weltweite wirtschaftliche Zusammenarbeit bedroht, identifiziert wurde.

Aus den genannten Gründen hat der Senat der Wirtschaft, zusammen mit dem Club of Rome, eine gemeinsame Denkschrift für das Ministerium und die Bundesregierung zum Thema Marshallplan mit Afrika entwickelt. Wichtig ist hier das Wörtchen »mit«. Das vorliegende Buch enthält inhaltlich Bezüge zu dieser Zusammenarbeit. Insofern hat der Senat der Wirtschaft Herrn Minister Müller gerne dabei unterstützt, seine Überlegungen und Erfahrungen mit einem Buch einem breiten Publikum authentisch nahezubringen. Neben dem Autor dieses Vorworts haben sich aus dem Senatsumfeld insbesondere Bert Beyers, Professor Estelle Herlyn und – mit einem Kurzbeitrag – Professor Klaus Leisinger in die Entstehung dieses Buches eingebracht. Es ist dies ein Buch, das ungeschminkt die Erfahrungen eines Ministers in einem schwierigen Umfeld wiedergibt. Einem Umfeld, in dem Kräfte gegeneinander wirken, die die Menschen leicht überfordern und intellektuell in die Verzweiflung treiben können.

In einem solchen Umfeld voller Widersprüche eine klare Linie zu behalten, ist nicht einfach, aber notwendig. Zunächst einmal, um mindestens in der Beurteilung von Fakten richtig und falsch auseinanderhalten zu können. Das ist das Gegenteil des postfaktischen Trends, den wir heute beobachten. Klarheit ist außerdem wichtig, um jenseits der Zwänge des Status quo, etwa bei der zukünftigen Ausgestaltung internationaler Verträge, wie der WTO, darüber nachdenken zu können, was man ändern könnte und welcher Koalitionen es bedürfte, um den WTO-Vertrag im internationalen Konsens zu novellieren. Wie könnten die Lösungsvorschläge aussehen, wenn dies gelingen soll? Hier Fortschritte zu erzielen ist wichtig, um Hoffnung für die Zukunft zu schaffen. Der Autor tut das in diesem Buch. Wir danken ihm ihn vonseiten des Senats der Wirtschaft e. V. für seinen offenen Blick, seine klare Sprache und seinem Mut in der Sache und wünschen dem Buch einen großen Erfolg. Ich persönlich wünsche dem Autor positive Reaktionen und dem Buch viele Leser sowie den Lesern wichtige Horizonterweiterungen in einem schwierigen Umfeld durch die Auseinandersetzung mit den Erfahrungen, Erkenntnissen und Hoffnungen eines authentischen Beobachters und politischen Akteurs.

Prof. Dr. Dr. Dr. h. c. Franz Josef Radermacher

Präsident des Senats der Wirtschaft e. V., Bonn, Vorstand des Forschungsinstituts für anwendungsorientierte Wissensverarbeitung/n (FAW/n) Ulm, Professor für Informatik an der Universität Ulm, Vizepräsident des Öko-sozialen Forums Europa, Wien sowie Mitglied des Club of Rome.

EINLEITUNG

Eine Handvoll Lehmhütten in einem verdorrten Landstrich im westafrikanischen Burkina Faso. Die Menschen dort leben wie Generationen vor ihnen. Kein Laden, kein Wasser, keine Schule – aber: ein Handymast. Unser Wagen hält auf dem Dorfplatz. Etwa 30 Männer umringen uns, die Frauen bleiben im Hintergrund. Einer der Männer erzählt mir von seinem Leben. Er hat zwei Kühe, fünf abgemagerte Ziegen und sechs Hühner, dazu zehn Kinder und seine Frau.

Mein Handy funktioniert tadellos. Es ist nicht zu fassen, ich habe einen Termin für ein Telefoninterview mit Phoenix in Deutschland und berichte live aus den Lehmhütten nach Europa. Ich erzähle von den Jugendlichen hier. Nur jeder fünfte hat die Chance auf einen Schulbesuch. Den meisten bleibt nur die Perspektive als Ziegenhirt. Viele der jungen Menschen haben ein Handy. Sie wissen also, was gespielt wird in der Welt. Wir alle leben in einem globalen Dorf.

Wie denkt die Jugend Afrikas über ihre Zukunft? Wollen sie Ziegenhirt werden wie der Vater? Oder treibt sie die Sehnsucht nach einem neuen Leben an? Geht das hier im Dorf oder in der nächsten Stadt? Oder bleibt als einzige Hoffnung nur die Flucht nach Deutschland oder nach Europa?

Wir müssen uns darauf einstellen: Eine neue Völkerwanderung wird die Herausforderung des Jahrhunderts werden. Ich denke nicht nur an die Situation in Afrika, auch in Indien und Bangladesch ist die Ausgangslage für Millionen von Jugendlichen nicht anders. Ich erinnere mich an Gespräche mit jungen Menschen an einer Universität in Ägypten. Bestens ausgebildet, westlich gekleidet, arbeitslos. Fünf Millionen obdachlose Kinder, so berichten mir die Bischöfe in Kairo, gibt es allein in Ägypten. 20 Millionen Jugendliche zwischen 15 und 25 Jahren, zwei Drittel davon ohne Ausbildung und Arbeit, blicken nach Europa. Eine der jungen Frauen, die uns als Dolmetscherin begleitete und neben Französisch, Englisch auch etwas Deutsch und Türkisch beherrschte, fragte ich, welche Fernsehprogramme die Jugend im Land sieht. In Ägypten, sagte sie spontan, schauen wir CNN, amerikanischen Sport, Musik und Kultur, aber auch türkisches, arabisches, afrikanisches und europäisches Fernsehen. Wir wissen, wie es in der Welt zugeht, und sollte uns der ägyptische Staat keine Zukunftsperspektive bieten, wollen wir nach Europa. Am liebsten nach Deutschland. Das ist unser Traum. Wer möchte es Millionen von Jugendlichen und jungen Erwachsenen in Ägypten verdenken?

Sie haben gekämpft für die Demokratie und landeten im Islamstaat der Muslimbrüder. Jetzt sind sie auf die autoritären Strukturen des Militärsystems zurückgeworfen.

Welche Herausforderungen durch die junge Generation in der Maghreb-Region sowie in Afrika insgesamt auf uns zukommen, zeigte mir das Gespräch mit dem ägyptischen Präsidenten Abd al-Fattah as-Sisi. Sehr realistisch beschrieb er die wirtschaftliche Situation Ägyptens und ganz besonders den Wunsch der jungen Generation nach einer besseren Zukunft, nach Arbeit, Wohnungen, Autos, Familie und Zukunftsperspektiven, nach einem Leben wie in Europa. Ich werde alles tun, aber ich weiß nicht, ob es gelingt, dass wir ausreichend Arbeitsplätze für die Jugend hier im Land schaffen können. Gelingt dies nicht, so der Präsident, ist unvorhersehbar oder doch vorhersehbar, was kommen wird. Millionen von Jugendlichen wollen ein anderes, ein besseres Leben. Sie werden die Perspektivlosigkeit ohne Arbeit im eigenen Land nicht mehr akzeptieren, und viele, vielleicht Millionen sehen ihre Zukunft in Europa.

Nicht anders ist die Situation in Tunesien, Algerien oder Marokko, in Afrika insgesamt. Der Bevölkerungsdruck wächst dramatisch. Die afrikanische Bevölkerung wird sich bis 2050 verdoppeln. Heute schon liegt das Durchschnittsalter bei 18 Jahren, das heißt, die Hälfte der Bevölkerung sind Kinder und Jugendliche. Bevölkerungswissenschaftler nennen eine Zahl von bis zu zwei Milliarden Babys, die auf dem afrikanischen Kontinent bis 2050 geboren werden. Weltweit wächst die Bevölkerung derzeit täglich um 230 000 Menschen. Jährlich kommen 80 Millionen – also einmal »Deutschland« – hinzu.

14

Die Dynamik und der Druck auf die Erde sind gewaltig. Wer 1950 geboren wurde, hat erlebt, wie sich die Weltbevölkerung verdreifachte, der CO_2-Ausstoß verfünffachte und der weltweite Handel um mehr als das Zweihundertfache anwuchs. Da aber der Planet Grenzen hat und seine Ressourcen endlich sind, kann auch Wachstum nicht grenzenlos sein. Der menschliche Konsum übersteigt schon heute die Regenerationskraft der Erde.

Unser Konsum- und Wachstumsmodell, übertragen auf die Weltbevölkerung, würde zwei oder drei Erden erfordern. Deshalb brauchen wir einen Paradigmenwechsel unseres Denkens und Handelns. Nachhaltigkeit muss der Grundsatz all unseres Tuns sein. Nach dem Prinzip der Verantwortung und der Vernunft sind wir verpflichtet, die Schöpfung auch für kommende Generationen zu bewahren. Wir sind die erste Generation, die den Planeten an den Rande des Abgrunds bringen kann. Die Hälfte des weltweiten Waldbestands haben wir bereits abgeholzt, die Klimaveränderung hinterlässt bereits deutliche Spuren. Noch aber können wir die Herausforderungen meistern.

Wir sind auch die erste Generation, die die Möglichkeiten, das Wissen und die Instrumente besitzt, die Klimakatastrophe zu verhindern, die Ressourcen des Planeten zu schützen, eine Welt ohne Hunger und ein Leben in Würde für alle zu ermöglichen. Wir haben kein Erkenntnisproblem. Die Weltgemeinschaft hat mit dem New Yorker Zukunftsvertrag und der Festlegung von 17 Nachhaltigkeitszielen sowie der Verabschiedung des Pariser Klimaabkommens erkannt, welcher Weg in die Zukunft der richtige ist.

Es muss gehandelt werden, jeder Einzelne, die Politik, die Wirtschaft, die Gesellschaft, die Medien. Wir müssen den Prozess der Globalisierung gerecht und nachhaltig gestalten. Zehn Prozent der Weltbevölkerung verfügen über 90 Prozent des Vermögens, 20 Prozent der Menschheit in den Industriestaaten verbrauchen 65 Prozent der Ressourcen. Das ist weder gerecht noch zukunftsfähig. Die Differenz zwischen Arm und Reich darf nicht weiter wachsen, die Ausbeutung von Mensch und Natur, besonders in den Entwicklungsländern, wird von den Menschen dort nicht mehr hingenommen werden.

Globalisierung schafft Chancen, aber der weltweite Markt und der Handel bedürfen verbindlicher sozialer, kultureller und ökologischer Regeln und weltweiter Standards – zur Wahrung der Menschenrechte und zum Schutz der globalen Güter und der natürlichen Ressourcen des Planeten.

Ein friedliches Zusammenleben auf dieser Welt setzt eine gerechte Weltordnung, fairen Handel und fairen Interessenausgleich zwischen Industrie-, Schwellen- und Entwicklungsländern voraus. Wirtschaft und Politik sind dem Gemeinwohl weltweit verpflichtet und haben den Menschen zu dienen.

Ich habe als Entwicklungsminister viele, insbesondere afrikanische Länder bereist und intensiv kennengelernt. Handeln wir jetzt nicht entschlossen und investieren in die Zukunft der Jugend in Afrika und den Entwicklungsländern, dann machen wir uns nicht nur schuldig. Wir werden auch erleben, dass die Menschen Hunger, Armut, Klimawandel, Ressourcenausbeutung und Arbeitslosigkeit nicht mehr hinnehmen werden.

Vor allem die junge Generation wird es nicht akzeptieren, dass die Ressourcen der Entwicklungsländer die Grundlage unseres Wohlstands bilden, ohne dass sie einen gerechten Anteil an der resultierenden Wertschöpfung erhält. Bei meinem Besuch in der Elfenbeinküste wurde ich mit der Realität konfrontiert. Erwachsene und Kinder schuften für 50 Cent am Tag, für einen Hungerlohn, damit wir unseren Kaffee und unsere Schokolade genießen können. Ganze drei Cent beträgt der Anteil pro Tafel Schokolade für die Arbeitskräfte auf den Plantagen, ähnlich sind die Verhältnisse in der Textilwirtschaft. Für 50 US-Dollar im Monat nähen Frauen im Zwölf-Stunden-Schichtbetrieb in einer Sechs-Tage-Woche unsere Kleider unter unvorstellbar menschenunwürdigen Bedingungen. Wir können und müssen diese Verhältnisse ändern.

Deutschland, Europa und die Welt müssen jetzt entschieden handeln. Die Lösung kann und wird nicht in der Aufnahme von Millionen von Flüchtlingen in Europa bestehen. Wir müssen viel mehr vor Ort tun und in die Lebenschancen der Menschen in den Entwicklungsländern investieren. Wir haben das Wissen, die Innovationen und die Möglichkeiten, die großen Herausforderungen zu bewältigen. Eine Welt ohne Hunger zu schaffen, eine Welt, die auch Perspektiven für die Jugend Afrikas, Indiens und anderer Entwicklungsländer bietet. Dazu beizutragen, liegt in unserer Verantwortung. Und es liegt in unserem ureigenen Interesse.

WIE DIE
WELT BESCHAFFEN
IST

Das globale Dorf

- Fernsehen und Internet haben einen globalen Raum für Bilder und Ideen geschaffen. Die Vernetzung wird immer enger. Wissen und Information sind in Echtzeit rund um den Globus verfügbar.

- Güter, Dienstleistungen, Kapital und Personen sind weltweit im Austausch. Tagtäglich, auch heute, sind neun Millionen Menschen im Flugzeug unterwegs.

- 65 Millionen Menschen sind weltweit auf der Flucht, 90 Prozent davon finden derzeit Aufnahme in Entwicklungsländern. Bevölkerungsentwicklung, Kriege, Hunger und Klimaveränderung führen möglicherweise dazu, dass bald nicht mehr Tausende, sondern Millionen Menschen an unseren Grenzen stehen.

- Die Menschen in den Entwicklungsländern werden es auf Dauer nicht hinnehmen, dass ihre Ressourcen die Grundlage unseres Wohlstands bilden, ohne dass sie einen gerechten Anteil davon erhalten.

- Frieden für das Zusammenleben im globalen Dorf setzt eine gerechte Weltordnung mit einem fairen Interessenausgleich zwischen Industriestaaten, Schwellen- und Entwicklungsländern voraus.

ICH HABE SCHON VIELE FLÜCHTLINGSLAGER GESEHEN. Das fürchterlichste war in Juba, der Hauptstadt des Südsudan. Dort gibt es keine Kanalisation, keine Toiletten, die Menschen verrichten ihre Notdurft hinter dem Zelt. Wenn es regnet, und das tut es häufig in dieser Gegend, fließt alles, was sich außen befindet, als dunkle Brühe in die Hütten herein. Dazu Fliegen, Parasiten, Katzen, Hunde – ein hochinfektiöses Gemisch. Einfach verheerend.

Abends hatte ich die Gelegenheit, zusammen mit den Bewohnern des Camps das Bundesligaspiel Bayern München gegen Hertha BSC zu sehen. Ein Flachbildschirm in unserer bescheidenen Unterkunft tat gute Dienste. In der Halbzeitpause gab es ausführlich Werbung: für deutsche Autos, Motorräder, tolle Reisen, Glitzer und Glamour. Die Afrikaner um mich herum kannten solche Bilder bereits. Für mich dagegen war es ein Schock. Diesen Kontrast zu erleben zu dem, was ich tagsüber gesehen hatte, an einem der finstersten Orte der Welt, ein Dahinvegetieren auf der Straße, in der Kloake. Und Stunden später dann die Hochglanzbilder im Fernsehen.

An diesem Abend in einem der entlegensten Winkel der Welt wurde mir klar, dass die Menschen dort genau wissen, was wir in den reichen Ländern essen und trinken, wie unsere Wohnungen, Häuser und Straßen aussehen, unsere Autos, unsere Kleiderschränke. An diesem Abend fehlten bei der Werbung nur noch die Untertitel: »Schau, so leben wir! Warum bleibst du zurück in deiner beschränkten Welt?« Es erscheint mir auch plausibel, dass gerade die klugen und dynamischen unter den jungen Leuten, die diese Bilder sehen, sich nicht mit dem Schicksal ihrer Eltern und Großeltern, mit Hunger, Bürgerkriegen, Not und Perspektivlosigkeit abfinden werden. Sondern dass sie sich auf den Weg machen werden, um ein besseres Leben, eine bessere Zukunft zu finden.

Wir haben die Wahl. Wir können hinsehen oder wegsehen. Aber selbst wenn wir die Augen schließen, wird sich die Welt weiterdrehen. So schnell wie nie zuvor. Und die Dinge sind kompliziert. Noch nie waren wir so viele Menschen auf diesem Planeten – bald acht Milliarden. Noch nie war die technische und gesellschaftliche Entwicklung so rasant. Niemals zuvor waren die Menschen so eng miteinander verknüpft. Und noch nie waren wir so sehr aufeinander angewiesen.

Ein Gefühl für die rasante Entwicklung vermittelt ein Blick in die Geschichte. Hätte man zur Zeit von Christi Geburt einen Menschen gefragt, wie die Welt in 50 Jahren aussieht, hätte er die Frage wahrscheinlich nicht verstanden. Natürlich gab es hin und wieder Missernten oder Hochwasser, das die Dörfer und Städte bedrohte, oder tauchte von Zeit zu Zeit ein feindliches Heer am Horizont auf, das im schlimmsten Fall Tod und Verwüstung hinterließ. Im Großen und Ganzen verlief das Leben aber in den immer gleichen Bahnen. Die allermeisten Menschen waren Bauern und sorgten selbst für ihr tägliches Brot. Der technische Fortschritt und die gesellschaftliche Entwicklung waren so langsam, dass die Antwort auf die Frage nach der Zukunft nur hätte sein können: Das Leben in 50 Jahren? – Es wird so sein wie heute.

Heute, 2000 Jahre später, umkreisen Hunderte von Satelliten die Erde. Jeder Quadratmeter auf den Kontinenten ist vermessen. Die Menge der Informationen verdoppelt sich regelmäßig innerhalb weniger Jahre. Aber trotz all dieses Wissens haben wir nicht den Hauch einer Ahnung, wie unsere Welt in 50 Jahren aussehen wird. Weil die Geschwindigkeit der technischen, der wirtschaftlichen und der politischen Entwicklung so rasant ist wie nie zuvor. Und weil alle diese Kräfte, Trends und Tendenzen eine wechselseitige, nicht vorhersehbare Dynamik entfalten. Wir kennen die Zukunft nicht.

Früher durften die Menschen zeit ihres Lebens bleiben, wie sie waren. Einmal Erlerntes hatte ein Leben lang Bestand. Allenfalls die Jungen eigneten sich neues Wissen und neue Fertigkeiten an. Heute dagegen gilt das Prinzip des lebenslangen Lernens. Viele Menschen empfinden das allerdings nicht als Bereicherung, sondern als zusätzlichen Stress.

Ein guter Maßstab für die historische Entwicklung ist die Anzahl der Menschen, die jeweils auf der Erde lebten. Vor etwa vier Millionen Jahren brachte die Evolution die ersten Hominiden hervor. Einige wenige nur. Lange Zeit waren unsere Vorfahren vom Aussterben bedroht.

Zur Zeit von Christi Geburt betrug die Anzahl der Menschen etwa 300 Millionen Menschen, seitdem sind erst 100 bis 150 Generationen vergangen. Die Schwelle der ersten Bevölkerungsmilliarde durchbrach die Menschheit etwa zu dem Zeitpunkt, als Goethe starb, im Jahr 1832. Rund 130 Jahre später, 1965, waren wir bereits drei Milliarden Menschen, und heute sind wir annähernd acht Milliarden. Wobei 1,5 Milliarden in den wenigen Jahren seit dem Jahr 2000 hinzugekommen sind. Diese Entwicklung entspricht der berühmten sogenannten Hockeyschläger-Kurve: Lange Zeit tut sich kaum etwas, doch dann hebt die exponentielle Entwicklung ab und die Kurve weist steil nach oben. Genau das tut sie noch immer. Wir, die heute lebenden Menschen, sind Teil dieser überaus stürmischen Phase der Geschichte. Jeden Tag werden 230 000 Menschen mehr geboren als sterben, jedes Jahr sind es 80 Millionen.

Das Bevölkerungswachstum findet heute allerdings kaum mehr in Europa und den industrialisierten Zonen statt, sondern in den Schwellen- und Entwicklungsländern und dort an unterschiedlichen Stellen mit je spezifischer Dynamik. Indien als Staat mit derzeit etwa 1,3 Milliarden Menschen und Afrika als Kontinent mit heute etwa 1,2 Milliarden weisen eine rasante Entwicklung auf. Allerdings bewegt sich dieses Wachstum auf dünnem Eis. Die ökologischen Trägersysteme des Planeten stehen bereits unter Stress. Ob Ozeane, Wälder, Böden oder die Atmosphäre, die demografische und wirtschaftliche Dynamik der vergangenen 200 Jahre hat sie bereits aus ihrer natürlichen Balance geworfen. Wir nutzen die Natur schneller, als sie sich regenerieren kann. Das kann eine Weile gut gehen, aber irgendwann ist der Bogen überspannt.

Das ist auch der Grund, warum die Entwicklungsländer in den nächsten 30 Jahren einen anderen Weg in Richtung Industrialisierung, Wohlstand und Entwicklung einer modernen Infrastruktur einschlagen müssen als die alten »Vorbilder«, also anders, als Deutschland, Japan oder die USA es getan haben. Noch immer hat die Hälfte der Menschen auf der Erde keinen Zugang zu Energie – der Grundlage für Wachstum, Entwicklung und Wohlstand. Ein Energiewachstum für

Entwicklungs- und Schwellenländer auf der Basis von fossilen Brennstoffen, Kohle, Öl und Gas, wäre allerdings eine globale Bedrohung für das Klima und den gesamten Planeten. Deshalb bedarf es neuer, leistungsfähiger und klimafreundlicher Energiesysteme. Erforderlich ist ein Quantensprung bei der Nutzung erneuerbarer Energien. Auch dies liegt in unserer Verantwortung und unserem Interesse.

Die Demografie ist wohl die einzige Wissenschaft, die uns einigermaßen verlässliche Zahlen über unsere Zukunft liefern kann. Die mittleren Projektionen der Vereinten Nationen sagen für das Jahr 2050 eine Weltbevölkerung von 9,7 Milliarden und für 2100 von 11,2 Milliarden Menschen voraus. Es können aber durchaus auch mehr sein. Allein in China und Indien werden um 2050 je annähernd 1,5 Milliarden Menschen leben. Während die Bevölkerung in China dann langsam abnehmen wird, wächst die Zahl in Indien weiter. Afrika wird die Region mit dem höchsten Zuwachs sein. Die Zahl der Einwohner des Kontinents wird sich bis 2050 verdoppeln und bis 2100 verdreifachen, vielleicht vervierfachen. Insgesamt könnte sich die Weltbevölkerung Ende des 21. Jahrhunderts stabilisieren. Die Unterschiede zwischen den Kontinenten werden dabei immer gravierender: In europäischen und zunehmend auch in asiatischen Ländern sinkt die durchschnittliche Anzahl der Kinder pro Frau, teilweise unter das Reproduktionsniveau von etwa 2,1 Kindern im Mittel pro Frau. In ärmeren Ländern ist dieser Trend aber längst nicht sicher. Wie sich die Zahlen in Staaten mit sehr hohem Bevölkerungswachstum – etwa in Äthiopien, Tansania und Kongo – entwickeln werden, ist kaum vorhersehbar. Im Moment haben dort viele junge Familien immer noch fünf und mehr Kinder.

Die bevölkerungsreichsten Länder im Jahr 2050 werden wahrscheinlich sein: Indien mit 1,7 Milliarden, China mit 1,4 Milliarden, Nigeria mit 400 Millionen, die USA mit 390 Millionen, Indonesien mit 320 Millionen, Pakistan mit 310 Millionen, Brasilien mit 240 Millionen und Bangladesch mit 200 Millionen.

Die Demografie zeigt uns die Zukunft wie eine Landkarte. Sie kann ungefähr sagen, wo wie viele Menschen leben werden. Was sie uns nicht sagen kann, ist, wie diese Menschen leben werden. Was wir ebenfalls nicht wissen, ist, ob diese Menschen in Frieden leben werden – oder ob es kriegerische Konflikte unter ihnen geben wird.

Ziemlich sicher kann man aber sagen, dass Europa im Verhältnis zu anderen Regionen (zahlenmäßig) an Bedeutung verlieren wird. Die Eurozone hat derzeit etwa 500 Millionen Einwohner. In Afrika leben wie gesagt 1,2 Milliarden Menschen. Bis zum Jahr 2050 wird die Zahl der Europäer ohne Einwanderung langsam abnehmen. In Afrika dagegen wird sich die Anzahl der Menschen mehr als verdoppeln, auf dann etwa 2,5 Milliarden. Dann stehen einem Europäer nicht mehr zwei, sondern vier Afrikaner gegenüber.

Eine zentrale These in diesem Buch lautet: Wir können uns nicht abschotten. Dies ist auf Dauer keine gangbare Lösung. Auch als kurzfristige Reaktion wäre es nicht besonders klug.

Derzeit gibt es unüberwindbare Grenzanlagen zwischen Nord- und Südkorea. Es gibt Zäune zwischen Indien und Bangladesch und Zäune und Mauern zwischen den USA und Mexiko. Letztere werden wohl in den nächsten Jahren weiter ausgebaut werden. Andererseits hat es die Chinesische Mauer gegeben und die innerdeutsche Grenze. Beide sind gefallen. So wird es früher oder später wahrscheinlich auch den anderen Mauern ergehen.

Die Geschichte zeigt uns, dass Isolation keine aussichtsreiche Strategie ist. Ein isoliertes Land nimmt sich selber aus dem Spiel, heute noch mehr als früher, weil die Verknüpfungen so eng und die Abhängigkeiten in Wirtschaft und Politik so groß geworden sind. Unsere Stärken sind Kommunikation und Kooperation. Darin liegt ein Wesenskern des Menschen, das ist die Basis unseres evolutionären Erfolges.

Die Menschheit ist ein Wissen generierendes, Wissen verbreitendes und Wissen tradierendes System. Die Menschen sind dabei eng miteinander vernetzt. Mittlerweile sind alle acht Milliarden Menschen maximal neun Handschläge voneinander entfernt, selbst der einsamste Indianer im brasilianischen Regenwald vom einsamsten Eskimo. Auch der einsamste Eskimo kennt nämlich wenigstens einen gut vernetzten

Eskimo, und der kennt einen Eskimohäuptling. Der wiederum ist mit dem Eskimobeauftragten des Landes bekannt, und dieser mit dem Staatspräsidenten. Der Staatspräsident kennt natürlich den Präsidenten von Brasilien und dieser den Regierungsbeauftragten für die Indianer des Landes, der wiederum einen direkten Kontakt zu jedem Häuptling hat, etc. In Zeiten von Smartphone und Internet ist Information global in Echtzeit abrufbar. Informationen, Ideen und Bilder sind grenzenlos verfügbar. Durch moderne Technik ist der Umfang an Kommunikation lawinenartig angewachsen. Handys, Computer und Internet sind zum Nervennetz der Menschheit geworden.

Mitte des vorigen Jahrhunderts hat ein großer Teil der Menschen noch in abgeschlossenen Wirtschafts- und Kulturräumen gelebt. Der Sudan zum Beispiel war nicht mit Europa verbunden, nur wenige Kulturreisende und Wissenschaftler besuchten das Land. China war noch bis in die 1970er-Jahre ein *closed shop* – keine diplomatischen Beziehungen zur Bundesrepublik Deutschland (wohl zur DDR), kaum Handel, nur rudimentärer Informationsaustausch. Die Erfindung des Internets und des Containers haben die Lage fundamental verändert. Heute gibt es nur noch wenige Regionen auf der Erde, die sich dem Informations- und Warenaustausch entziehen (können).

Das erste iPhone kam im Jahr 2007 auf den Markt. Seitdem hat sich diese Technik tief in die Alltagsroutinen der Menschen eingeschrieben. Morgens im Bus oder in der Bahn genügt ein Blick in die Runde. Die meisten surfen durch die sozialen Netzwerke oder lesen Nachrichten im Internet. Das Internet stammt aus dem militärischen Bereich, sehr schnell haben die Finanzmärkte von der Technik Gebrauch gemacht. Die politischen Strukturen blieben dabei zurück. Oft sind sie zu langsam und werden durch die Realität überholt. Heute werden an den Börsen Millionenwerte im Mikrosekundentakt um den Globus geschossen, vorbei an nationalen Regulierungssystemen. Kaum noch etwas ist mehr wie früher!

Insbesondere für Flüchtlinge sind Handys existenziell. Entlang der Routen gibt es ausreichend Gelegenheit, sich mit passenden Prepaid-Karten zu versorgen. Um so an die entscheidenden Informationen über Grenzen und Wege zu deren Überwindung, über Verkehrsmittel und Schleuser zu kommen.

Die Bewohner der Entwicklungsländer sind heute überwiegend gut informiert. Und die Menschheit wächst so schnell wie nie zuvor. Niemand darf sich also wundern, dass wir in Zeiten großer Wanderungen leben. Ein weiterer Treiber für Migration ist die große Kluft zwischen Arm und Reich. Zehn Prozent der Menschheit verfügen über 90 Prozent des Eigentums beziehungsweise des Vermögens.

Rund 65 Millionen Menschen sind heute vertrieben oder auf der Flucht, mehr als jemals zuvor. Etwa ein Drittel stammt aus den Ländern Afghanistan, Somalia und Syrien. Der Staat, der die meisten dieser Flüchtlinge aufgenommen hat, ist die Türkei mit 2,5 Millionen. Es folgen Pakistan, Uganda, Kenia und der Libanon mit jeweils mehr als einer Million. Relativ selten legen die Menschen auf ihrem Weg große Distanzen zurück, weil ihnen das Geld dafür fehlt oder weil Transitbeziehungsweise Zielländer die Ein- oder Weiterreise behindern. So verwundert es nicht, dass die Staaten auf der Südhalbkugel neun von zehn weltweit registrierten Flüchtlingen beherbergen. Neun von zehn Flüchtlingen weltweit leben in Entwicklungsländern. Was wir derzeit in Europa selbst erfahren, ist nur ein kleiner Ausschnitt der heutigen weltweiten Wanderungsbewegungen, die in den kommenden Jahren vermutlich massiv zunehmen werden.

Weit höher als die Zahl der Flüchtlinge weltweit ist die der Migranten. Die Größenordnung dürfte bei 250 Millionen Menschen liegen. Auch hier zeigt sich ein ähnliches Bild: Die meisten von ihnen bewegen sich in und zwischen den armen Ländern des Südens. Lange Zeit war das anders. Europa bildete den Ausgangspunkt von Flucht und Migration, von hier aus zog es die Menschen nach Nord- und Südamerika oder nach Australien.

Heute ist Europa selber zum Ziel der Hoffnungen von Millionen geworden. Wenn wir es nicht schaffen, Hunger, Elend, Not, Bürgerkriege, Ungerechtigkeit und die Diskrepanz zwischen Arm und Reich schrittweise zu überwinden, werden die Probleme zu uns kommen. Die Menschen in den Entwicklungsländern werden es auf Dauer nicht akzeptieren, dass wir mit ihren Ressourcen unseren Konsum bestreiten, während bei ihnen nur wenig verbleibt. Viele, sehr viele werden sich aufmachen in Richtung der heutigen Wohlstandsinseln des Planeten. Wenn wir nicht umdenken und entsprechend handeln, werden wir für diese ungerechte Verteilung einen hohen Preis zahlen.

Die Probleme sind glücklicherweise lösbar. Letztlich brauchen wir eine neue, gerechtere Weltordnung. Das Ziel muss ein fairer Ausgleich der Interessen zwischen den Industriestaaten, den Schwellen- und Entwicklungsländern, in Verbindung mit massivem technischen Fortschritt, sein – in einer neuen Verantwortungsgemeinschaft für das globale Dorf.

Acht, zehn, zwölf Milliarden Menschen

- Afrika ist das Zentrum der demografischen Entwicklung:
  Bis 2050 wird sich die Bevölkerung noch einmal verdoppeln,
  bis Ende des Jahrhunderts mindestens verdreifachen.

- Der Planet steht unter Stress, bereits heute benötigt die
  Menschheit 1,5 Erden, um ihren Ressourcenhunger zu stillen.

- Ernährungssicherung, Zugang zu Energie und Wasser sowie
  Klimaschutz sind die Überlebensfragen der Menschheit. Nachhaltige wirtschaftliche und soziale Entwicklung ist nicht nur
  Krisenprävention, sondern moderne Friedens- und Sicherheitspolitik.

- Wie man die Bevölkerungszahl senkt, ist kein Geheimnis:
  Bildung und Teilhabe an der Gesellschaft, insbesondere für
  Frauen und Mädchen, führen zu einem schnellen Rückgang
  der Kinderzahlen. Sozialsysteme sind ein entscheidender
  Hebel.

- Ein großer Hoffnungsträger ist die afrikanische Jugend. Auf
  der Basis moderner Informationstechnik kann sie gewaltige
  Entwicklungssprünge machen. Bei großer Unzufriedenheit
  und Perspektivlosigkeit kann sie jedoch auch ein revolutio-
  näres oder destruktives Potenzial entwickeln.

IN ÄTHIOPIEN, AN DER SOMALISCHEN GRENZE, habe ich ein Hilfscamp der UN besucht. Dort leben Nomaden, die ihre gesamte Herde und damit ihre Lebensgrundlage verloren haben. Zwei Jahre kein Regen, es herrscht totale Dürre. Erst sterben die Pflanzen, dann die Ziegen und nun auch noch die Kamele. Noch überleben die meisten der Flüchtlinge dank internationaler Hilfsorganisationen. Meist sind es engagierte junge Menschen, die Hilfsgüter, Medikamente und Wasser verteilen. Wasser gibt es nur noch in 800 Metern Tiefe. Deutsche Bohrtechnik fördert Wasser zum Überleben, aber eine Zukunft ist das nicht. Der Klimawandel fordert seine Opfer. Opfer sind die Menschen, die selber nichts zur Klimaveränderung beigetragen haben – wie die Menschen in diesem äthiopischen Hilfscamp.

Ich habe die Menschen gefragt, ob sie bereit wären, in andere Regionen umzuziehen. Die Antwort der Alten kam prompt: »Lieber sterben wir, als diesen Flecken, wo wir seit Jahrhunderten leben, zu verlassen.« Anders dagegen viele der jungen Afrikaner. Sie werden sich als Klimaflüchtlinge auf den Weg machen in Richtung Wasser, Richtung Norden und vielleicht in Richtung Europa.

Allerdings können sich die Flüchtlinge kein richtiges Bild von Europa machen, so mein Eindruck nach vielen Gesprächen. Weder was die Kehrseite unseres Wohlstandsmodells anbelangt, nämlich die Voraussetzungen und Anforderungen, noch was die Hindernisse und Schwierigkeiten anbelangt, die bei einem Migrationsversuch auf sie warten. Die komplizierten Verhältnisse bei uns erschließen sich ihnen ebenfalls nicht. Wenn sie sich auf den Weg machen, dann zu einem Ziel, das sie nicht voll verstehen. Oft sind sie Monate und Jahre unterwegs. In Europa angekommen stellen sie fest, dass sie nur bedingt willkommen sind, dass sie sich oft nicht verständigen können, keine Arbeit und keine Wohnung finden. Um sie herum ist der Wohlstand, aber sie gehören nicht dazu.

Wir leben endgültig in einem globalen Dorf. Im 21. Jahrhundert sind die acht Milliarden Menschen, die wir annähernd sind, eng miteinander verknüpft, vom Elendscamp im Südsudan bis nach Mitteleuropa. Allerdings in verschiedenen Klassen, wie in einem Zug, in angenehmen, weniger angenehmen und hässlichen. Nur die Fahrgäste erster Klasse haben überall Zugang. Ein Unterschied ist wohl auch der, dass wir uns nicht so sehr für die Menschen im Südsudan interessieren. Sie sich aber für uns!

Im Jahr 1950 gab es etwa 200 Millionen Afrikaner, heute sind es 1,2 Milliarden. Um die Dimension der demografischen Entwicklung zu verstehen, und auch, wie es weitergehen könnte, ist ein Blick in die Geschichte unumgänglich. Dabei werden wir sehen, dass Kommunikation und Interaktion immer zentral waren – lange vor der Erfindung von Telefon, Fernsehen und Computer.

Alle Menschen, die heute die Erde bevölkern, stammen letztlich aus Afrika. Von dort aus hat sich der moderne Mensch auf den Weg gemacht nach Europa, nach Asien, nach Nordamerika und von dort aus immer weiter in Richtung Süden bis nach Feuerland. Diese Lebensweise als wandernder Jäger und Sammler endete mit dem Aufkommen von Ackerbau und Viehzucht in der sogenannten neolithischen Revolution vor etwa 10 000 Jahren. Dieser für die Geschichte der Menschheit bedeutende Epochenwandel vollzog sich in mehreren Gebieten der Welt unabhängig voneinander. Von dort – dem Fruchtbaren Halbmond, Mittelamerika und Südchina – aus verbreitete sich die neue Lebensweise über die folgenden Jahrhunderte beziehungsweise Jahrtausende über die ganze Welt. Sie verdrängte in einem evolutionären, mit vielen Neuerungen einhergehenden Prozess die Kultur der Jäger und Sammler. Die überlegene Technologie des modernen Menschen war die Voraussetzung für Macht und Durchsetzungspotenzial und dafür, dass immer mehr Menschen immer besser ernährt werden konnten und die Bevölkerung wuchs.

Jede große technologische Neuerung hat direkt oder indirekt zur Folge, dass mehr Menschen länger leben, mehr miteinander kommunizieren und immer mehr Neues hervorbringen. Unsere Sprache ist dabei das wohl wichtigste Werkzeug in der Potenzierung unserer Möglichkeiten. Technik hat später geholfen, Informationen und Ideen aufzuschreiben und an künftige Generationen weiterzureichen. Oder über weite Distanzen miteinander zu reden, etwa per Telefon. Die moderne

Informations- und Kommunikationstechnik ist schließlich zum »Turbo« der Entwicklung geworden. Das Internet kann man durchaus als das technische Nervennetz der Zivilisation verstehen.

Die Anzahl der Menschen erreichte, wie oben schon erwähnt, die erste Milliarde etwa um das Jahr 1832. Danach ging das Wachstum erst richtig los. Infolge der industriellen Revolution und der Erschließung der Kohle (des »unterirdischen Waldes«) mittels der Dampfmaschine hatten die Menschen zum ersten Mal in ihrer Geschichte mehr Energie zur Verfügung, als sie unmittelbar brauchten. Heute sind wir bereits fast acht Milliarden. Davon leben 80 Prozent in den Schwellen- und Entwicklungsländern. Und wir laufen auf eine Welt mit zehn oder sogar zwölf Milliarden Menschen zu.

Die Folge dieser Bevölkerungsexplosion ist ein gewaltiges Ressourcen- und Klimaproblem und ein enormer ökologischer Druck. Seit 1950 hat sich die Weltbevölkerung mehr als verdoppelt, der Wasserverbrauch hat sich verdreifacht, der CO_2-Ausstoß vervierfacht – und ein Ende dieser Entwicklung ist nicht in Sicht. Wenn wir bis 2050 blicken, brauchen wir weltweit 40 Prozent mehr Trinkwasser, 50 Prozent mehr Energie und 60 bis 80 Prozent mehr Nahrungsmittel. Ernährungssicherung, Zugang zu Energie und Wasser sowie Klimaschutz sind heute Überlebensfragen der Menschheit.

Zugleich haben wir ein Gerechtigkeits- und Verteilungsproblem: Rund zehn Prozent der Menschheit verfügen über 90 Prozent des Vermögens. Rund 20 Prozent verfügen über 80 Prozent der Einkommen. Dabei verbrauchen sie etwa 65 Prozent der Ressourcen und produzieren ungefähr 65 Prozent der anfallenden Verschmutzungen. Die Reichen sind in ihrem Tun pro Wertschöpfungseinheit deutlich sauberer als die Armen, weshalb die 20 Prozent Einkommensstärksten nicht 80 Prozent der Ressourcen verbrauchen und nicht 80 Prozent der Umweltbelastungen erzeugen, sondern »nur« etwa 65 Prozent. Die entwickelten Länder werden pro Wertschöpfungseinheit zwar immer sauberer, aber die Anzahl der Werteinheiten nimmt so schnell zu, dass wir in Summe immer noch mehr Ressourcen verbrauchen und Verschmutzung verursachen als zuvor – weit mehr als die große Mehrheit der

Menschen in den Schwellen- und Entwicklungsländern. Dieses Phänomen nennt man Bumerang- oder Rebound-Effekt.

Deutschland alleine verbraucht so viel Strom wie alle afrikanischen Staaten zusammen. Das bedeutet, dass auch Deutschland und die Industrieländer Entwicklungsländer – oder besser Problemländer – sind! Denn unser ökologischer Fußabdruck ist um ein Vielfaches größer als der der meisten Menschen in Entwicklungsländern. Pro Kopf und Jahr liegt der CO_2-Ausstoß in Deutschland bei zehn, in Bangladesch bei nur 0,9 Tonnen. Wir lagern viele unserer Umweltbelastungen in andere Länder aus. Das kann auf Dauer nicht so weitergehen, ohne dass sich massiver Widerstand regt und sich Ärger Luft macht. Es muss sich deshalb etwas ändern – überall.

Die Liste der Probleme Afrikas ist lang. Vielfach gibt es eine schwache Regierungsführung, Korruption und mangelnde Rechtssicherheit. Ungenügende Wirtschaftsentwicklung, Bildung und Beschäftigung verbauen die Perspektive vor allem von jungen Männern und Frauen. Noch immer ist der Kontinent in erster Linie Rohstofflieferant – das koloniale Erbe wirkt bis heute fort. In vielen Teilen Afrikas herrschen Korruption, Krieg und Terror. Wirtschaftliche und demografische Entwicklung laufen weiter auseinander. Jugendliche finden keine Jobs, was vermehrt Frustration erzeugt und die Perspektivlosigkeit steigert. Der Arabische Frühling hat den Effekt dieses sogenannten *youth bulge* gezeigt.

In Niger hatte ich die Gelegenheit, mit Frauen über ihre Einstellung zu Familie und Kindern zu sprechen. Ich habe sie gefragt, warum sie sieben oder acht Kinder bekommen. Ihre Antwort war: »Wir würden am liebsten zehn Kinder bekommen. Denn mit jedem Kind steigt unser Ansehen in der Gesellschaft.« Einige Stunden später war ich zu Besuch beim Staatspräsidenten. Er sagte mir, die Frauen seien noch ganz dem traditionellen Denken verhaftet. An der Spitze des Staates würde bereits ganz anders gedacht. Dort spricht man von Investitionen in Bildung und Ausbildung, auch um staatliche Strukturen zu entwickeln. Aber all das ist noch weit von den Verhältnissen im alltäglichen Leben der Menschen entfernt.

Wie die Bevölkerungsentwicklung gebremst werden kann, ist längst kein Geheimnis mehr. Das Grundmuster, wie wir es aus der Geschichte vieler erfolgreicher Länder kennen, ist der sogenannte demografische Übergang. Voraussetzungen dafür sind allerdings Stabilität, soziale und wirtschaftliche Entwicklung, Sozialsysteme – und in erster Linie Bildung und individuelle Rechte und Entfaltungschancen, insbesondere auch für Frauen. Aufgrund der besseren Lebensbedingungen entscheiden sich dann viele Familien für weniger Nachwuchs und können entsprechend mehr in ihre Kinder und deren Ausbildung und Gesundheit investieren. In der Folge wird dies zu einem Rückgang des Bevölkerungswachstums führen.

In Algerien habe ich einen spannenden Tag an der panafrikanischen Universität erleben dürfen, mit 600 begeisterten jungen Frauen und Männern aus 14 Nationen, die mich mit strahlenden Augen empfingen. An der Universität machen sie mit deutscher Unterstützung im Bereich Energietechnik oder im Ingenieurwesen ihren Abschluss. Die Studierenden hatten mich gebeten, ihnen Bücher zum Thema Solartechnik zu besorgen. Ich habe versprochen, ihnen eine digitale Vernetzung mit Bibliotheken von Technischen Universitäten in Deutschland zu ermöglichen und damit den Zugang zum weltweiten Wissen. Ich habe ihnen gesagt: Der Wettlauf hat begonnen, und ich zähle auf euch und wette auf einen Nobelpreisträger oder eine Nobelpreisträgerin von eurer Universität. Wenn europäische und afrikanische Studierende gemeinsam am Start stehen, müssen sich die Europäer warm anziehen. Der Biss, der Ehrgeiz und die Motivation der Afrikaner für eine bessere Zukunft sind außerordentlich stark.

Auf dem UN-Gipfel in New York hat Mark Zuckerberg seine Idee erläutert, den gesamten afrikanischen Kontinent per Satellit an das Internet anzuschließen, jedes Dorf und jedes Zelt. Ich bin mir sicher, dass dies in einigen Jahren gelungen sein wird. Heute ist es bereits so, dass ich mit meinem Handy in einigen afrikanischen Staaten einen besseren Empfang habe als zu Hause. Werden die Menschen dann auf McDonald's, Chips und Coca-Cola »programmiert«? Wer bestimmt die medialen Inhalte? Wie verändern sich dadurch ihre Verhaltensweisen?

Ich habe zu meinem 40. Geburtstag mein erstes Handy geschenkt bekommen, das ist jetzt gut 20 Jahre her. Die afrikanischen Kinder dagegen wachsen mit dieser Technologie auf. Es ist unfassbar! In Mauretanien kam mir ein Junge mit einem Eselskarren und einem Handy am Ohr entgegen. Wovon der Junge wohl träumt? Das Gute ist, dass diese Technologie Wissen in den letzten Winkel der Erde transportiert. Diese Chance sollten wir nutzen für Bildung, Aufklärung, Gesundheitserziehung etc. Wir sollten der afrikanischen Jugend helfen und sie an das neue Wissen heranführen. Ich habe noch die funkelnden Augen vieler afrikanischer Kinder und Jugendlicher im Kopf. Der Wille, aus dem Elend herauszukommen, ist stark und beinhaltet ein großes Potenzial. Aber ein Smartphone sorgt noch nicht für Entwicklung. Vielleicht multiplizieren diese Geräte irgendwann sogar Frust und Aggressivität.

Die afrikanische Jugend ist ein dynamisches Element, mit dem sich große Chancen, aber auch erhebliche Gefahren verbinden. Eines ist klar: Wenn Hunderte von Millionen junger Menschen keinen Job und keine Perspektive für sich sehen und der Trend zu riesigen Slums in den Großstädten sich fortsetzt, werden wir als Folge nicht nur Kriminalität und Drogen sehen. Bei meinem letzten Besuch in Old Delhi wurde dieser Unmut schon deutlich geäußert. Die Menschen sind nicht mehr bereit, für immer Müllsammler und Ausgestoßene zu sein. Ändert sich nichts, werden Aufstände nicht mehr weit sein. Indien steht für Extreme: 1,2 Milliarden Einwohner, die meisten Milliardäre unter der Top Ten der Welt und zugleich 400 Millionen Menschen unter der Armutsgrenze.

Krieg ist in vielen afrikanischen Staaten schon lange Realität. Etwa 1,4 Milliarden Menschen auf der Welt – das entspricht 20 Prozent der Weltbevölkerung – leben in fragilen Staaten, in denen Krieg und Gewalt an der Tagesordnung sind. Meist sind Hunger, Elend, Arbeitslosigkeit und Ungerechtigkeit die Auslöser.

Die Flüchtlingskrise in Deutschland und Europa im Jahr 2015 hat gezeigt: Perspektiven für die Menschen in Krisenländern lassen sich am besten vor Ort schaffen. Deshalb hat Deutschland die Mittel zur Bewältigung der Syrien-Krise in den vergangenen Jahren verdreifacht. Im Nordirak, in Jordanien, in der Türkei und im Libanon ermöglichen wir mit unserer Beschäftigungsinitiative *Cash for Work* geflüchteten Menschen in den Nachbarländern Syriens wie auch der lokalen Bevölkerung, aus Arbeit ein Einkommen zu generieren.

Aber das wird nicht reichen. Notwendig ist eine vorausschauende Friedens- und Sicherheitspolitik, die »menschliche Sicherheit« als ihr Leitbild versteht und die Würde und das Wohlergehen jedes Einzelnen in den Mittelpunkt stellt. In diesem Sinne ist Entwicklungspolitik die beste Krisenprävention. Investitionen in nachhaltige Entwicklung sind Investitionen in Frieden und Sicherheit. Aber das muss mehr sein als ein »Trostpflaster«. Es darf nicht so sein, dass Entwicklungspolitik am Ende zu reparieren versucht, was am Anfang zerstört wurde. Wir brauchen eine Kohärenz der Politik für Entwicklung und nicht nur organisierte Hilfe zur nachträglichen Schadensbegrenzung.

Anfang 2014 habe ich drei Sonderinitiativen zu den Themen Flucht, Hunger sowie Stabilisierung und Entwicklung in Nordafrika und Nahost ins Leben gerufen. Sie alle dienen der Prävention und der Bewältigung von Krisen und wurden im Haushalt 2016 vom Deutschen Bundestag mit 590 Millionen Euro Barmitteln ausgestattet.

Wir müssen mehr tun. Wir müssen unser Handeln in völlig neuen Dimensionen anlegen. Aufgerufen ist die gesamte Weltgemeinschaft – einschließlich der Afrikaner selbst –, für Afrika aktiv zu werden. Durch den Bevölkerungsdruck verschwindet immer mehr Regenwald, der Klimawandel zeigt Folgen, unkontrollierbare Megastädte entstehen. Die Zahl der gescheiterten Staaten wächst. Warum also sollten die Afrikaner in ihrer Heimat bleiben – ohne Perspektive? Dabei reden wir nicht über einige Hunderttausend, sondern über Millionen. Wohin sollen diese Menschen gehen? Ihr natürliches Ziel ist der Norden, zunächst innerhalb Afrikas, dann aber auch Europa. Ihr Motiv ist, dem Elend zu entkommen. Dagegen ist wenig zu sagen. Wenn das Elend durch den von uns in der reichen Welt erzeugten Klimawandel forciert wird, ist zudem die Frage nach der historischen Verantwortung noch offensichtlicher als heute. Unsere Antwort muss sein, gezielt in Entwicklung, Arbeitsplätze, Bildung und Bleibeperspektiven vor Ort und umfassend zum Nutzen aller zu investieren.

Die neue Völkerwanderung

- Lange Zeit war Europa Ausgangspunkt von Migration und Auswanderung. Heute ist unser Kontinent eine Wohlstands-insel und damit auch das Ziel der Träume von Millionen Menschen.

- Die größten Flüchtlingsströme unserer Zeit bewegen sich innerhalb und zwischen den armen Ländern auf der Süd-halbkugel.

- Europa kann die Probleme von Flucht und Vertreibung nicht lösen, indem es in großem Umfang Flüchtlinge aufnimmt. Die Menschen brauchen in ihrer Heimat eine Perspektive für sich und ihre Familien.

- Damit Europa sich seine Offenheit bewahren kann, braucht es klare Regeln. Ein Land vermag nur so viele Menschen dauer-haft aufnehmen, wie es sie auch integrieren kann. Gleichzeitig benötigen wir legale Möglichkeiten der Migration und des beiderseitigen Austauschs.

- Wir brauchen ein einheitliches europäisches Ausländer-, Asyl- und Migrationsrecht. Auch Deutschland wird sein Einwanderungs- und Asylverfahren überarbeiten müssen.

AM SÜDLICHEN RAND DER SAHARA, in Agadez, habe ich junge Männer getroffen, die ein klares Ziel vor Augen hatten. Sie bereiteten sich auf die gefährliche Reise durch die Wüste vor: Richtung Norden, bis an die nordafrikanische Küste, dann übers Mittelmeer nach Europa. Während der Reise auf der Ladefläche eines klapprigen Lastwagens ist Trinkwasser eine Frage des Überlebens. In der Sahara kann es 40 bis 50 Grad heiß werden. Ihre Wasserkanister haben die Männer in grobe Tücher gewickelt. Sie hoffen, dass das Wasser darin etwas kühler bleibt. Wenn es so heiß wie Kaffee würde, könne man es schlecht trinken, sagen sie. Außerdem muss das Wasser sauber sein. Wer mitten in der Wüste eine Magen-Darm-Infektion bekommt, ist so gut wie tot.

Ich habe die Männer gefragt, warum sie nach Europa wollen. Sobald sie dort seien, sagten sie, hätten sie Arbeit und Einkommen und könnten sich eine Zukunft aufbauen und ihre Familien zu Hause unterstützen. Im nigrischen Agadez berichteten mir Rückkehrer aus Libyen, dass ihnen dort das Handy abgenommen wurde, ihre Familie damit angerufen wurde und sie dann geschlagen und gefoltert wurden. Ihnen wurden die Knochen gebrochen – die Angehörigen mussten alles mit anhören. Auf diese brutale Weise sollte von den Familien Geld erpresst werden – die Drohung war eindeutig: Geld oder Tod. Ich habe Bilder von den Lagern in Libyen gesehen: Männer abgemagert bis auf das Skelett.

Diese Flüchtlinge haben sich mit völlig falschen Erwartungen auf den Weg gemacht. Schlepper nehmen ihnen viel Geld ab für falsche Versprechungen, sie nehmen ihnen ihre Würde. Viele sterben auf dem qualvollen Weg, verdursten in der Wüste oder überleben den Weg über das Mittelmeer nicht. Es ist ein Drama, dass Tausende dort ertrinken. Die Zustände auf der Flucht sind grauenhaft. Umso größer müssen Enttäuschung und Frustration für die Flüchtlinge sein, die, am Ziel angekommen, die Dinge dort ganz und gar nicht so vorfinden, wie sie ihnen versprochen wurden. Sie bekommen keine Arbeit, haben keine Bleibeperspektive. Die Gefahr, dass sie sich radikalisieren, ist in dieser von Aussichtslosigkeit geprägten Situation groß. Denn der Weg zurück ist schwierig bis unmöglich, weil das gesamte Geld der Familie häufig an den Schlepper gegangen ist. Die Familien erwarten, dass nun Rücküberweisungen aus Deutschland erfolgen und dass möglichst weitere Familienmitglieder nachgeholt werden können. Nun stehen diese Männer aber mit leeren Händen da. Als Verlierer können und wollen sie nicht in die Heimat zurückkehren. Nur wenige, offiziell anerkannte Gründe bieten eine letzte Bleibeoption.

Die heutige Flucht- und Migrationsbewegung ist eine Generationenherausforderung, vor allem für Europa. Es ist nicht zu erwarten, dass die Probleme in den nächsten Jahren kleiner werden, im Gegenteil. Wir können nicht einfach die Augen schließen wie Kinder und darauf hoffen, dass die Welt um uns herum verschwindet. Vielmehr baut sich ein immer größerer Druck auf.

Um die aktuelle Lage in ihren gesamten Dimensionen zu verstehen, lohnt ein Blick in die Geschichte. Lange Zeit waren es nämlich die Europäer, die ihr Heil in der Fremde suchten – als Flüchtling, als Auswanderer, aber auch als Kolonialherren. Von hier aus zog es die Menschen nach Nord- und Südamerika, nach Südafrika oder nach Australien und Neuseeland. Mittlerweile ist das Bevölkerungswachstum in Europa zum Stillstand gekommen. In den meisten Ländern des Kontinents nimmt die heimische Bevölkerung zahlenmäßig sogar rasch ab. Es gibt nicht mehr viele Gründe, Europa zu verlassen.

Heute zeigt sich global ein völlig anderes Bild. Der übergroße Teil der Flüchtlingsströme bewegt sich, wie schon erwähnt, innerhalb und zwischen den ärmeren Staaten auf der Südhalbkugel. Europa ist unterdessen zum Magneten geworden – für die Hoffnungen von Millionen Menschen. Während die Europäer ziemlich ortsfest geworden sind, wollen immer mehr Menschen zu uns. Dabei handelt es sich in erster Linie um Armutsflüchtlinge. Wie ist es zu diesem fundamentalen Richtungswechsel gekommen?

Mit dem Jahr 1492, in dem Kolumbus die Karibik erreichte, begann eine neue Zeitrechnung. Die spanischen und portugiesischen Herrscher verstanden ihre neuen Territorien in Mittel- und Südamerika als Kolonien, deren Erträge dem Mutterland zustanden. Vor allem Silber war ein wertvolles Handelsgut. In den folgenden Jahrhunderten errichteten Europäer in den amerikanischen Kolonien ihre Plantagen-wirtschaften. Lange Zeit war Zuckerrohr das wichtigste Produkt, später wurden auch Baumwolle und Tabak angepflanzt. Dafür brauchte man viele Arbeitskräfte. Die fanden die Kolonialherren vor allem in Afrika, von wo Millionen Sklaven über den Atlantik verschifft wurden. Der Sklavenhandel sollte mehr als drei Jahrhunderte anhalten. Bis die Bri-ten schließlich 1807 ein Verbot durchsetzten. Den bis dahin jahrelang geführten Kampf des britischen Parlamentariers William Wilberforce und seiner Mitstreiter für die gesetzliche Abschaffung der Sklaverei kann man getrost als Vorläufer heutiger NGO-Arbeit ansehen. Deren Erfolg kam am 24. Februar 1807, als das Gesetz gegen den Sklavenhan-del im britischen Parlament endlich doch verabschiedet wurde. Kurz darauf, im Jahr 1808, untersagten die USA die Einfuhr von Sklaven, 40 Jahre später, 1848, folgten die französischen und 1862 schließlich die spanischen Kolonien.

Die Landnahme in Nordamerika erstreckte sich im Gegensatz zu der in Mittel- und Südamerika nach dem Muster des europäischen Siedlerkolonialismus über mehrere Hundert Jahre. Dieses Mal beglei-teten Frauen die Männer, eine Verbindung mit der ursprünglichen Bevölkerung war eher selten. Stück für Stück wurde das Land der in-digenen Bevölkerung in den Besitz der »Weißen« gebracht – im selben Maße verschwanden die Indianer und ihre Kultur, so lange, bis zum Schluss nur noch einige unwirtschaftliche Reservate als Rückzugsge-biet für sie übrig blieben. Es war eine gigantische Welle der Enteig-nung.

Im Verlauf des 19. Jahrhunderts zog es immer mehr Menschen von Europa nach Übersee. Die Gründe waren vielfältig: Zum Teil ging es um politische und religiöse Verfolgung, in erster Linie aber war es wirtschaftliche Existenznot, ausgelöst durch Hungersnöte in den Städ-ten, Landknappheit durch Erbteilung im Agraranbau und die Folgen der Industrialisierung. Hinzu kam die erzwungene Migration: Um die Zahl der Gefängnisinsassen zu reduzieren und damit ein Problem im eigenen Land loszuwerden, wurden Häftlinge auf Schiffe verladen und nach Australien verschifft. So geschehen in England.

Benötigte ein Segelschiff von Europa in die Vereinigten Staaten noch mehr als 40 Tage für die Überfahrt, schaffte es ein Dampfschiff in gerade einmal zwei Wochen. Die europäische Auswanderung selber wurde zum Geschäft, in dem der Generaldirektor der HAPAG (Hamburg-Amerikanische Packetfahrt-Actien-Gesellschaft), Albert Ballin, eine herausragende Rolle spielte. Im Hamburger Hafengebiet hatte er eigens »Auswandererhallen« errichten lassen, um den auf Ausreise wartenden Emigranten sichere Unterkunft, medizinische Versorgung und Hilfe bei der Bewältigung bürokratischer Auflagen zu bieten. Ihren Höhepunkt erlebte die europäische Übersee-Migration um 1900. Wenige Jahre später, mit Ausbruch des Ersten Weltkriegs, brach die Fernauswanderung weitgehend ein. Aber auch im 20. Jahrhundert blieb Europa lange noch Gravitationspunkt der weltweiten Flüchtlingsfrage, sowohl als Ausgangspunkt eines bis 1914 global agierenden Kolonialismus wie auch einer massiven Vertreibung ganzer Bevölkerungsgruppen vor und während des Zweiten Weltkriegs, insbesondere aus Deutschland. Es ist wichtig, sich an diese Geschichte zu erinnern, weil es nur vor diesem Hintergrund gelingen kann, die heutige Rolle Europas in der Welt und in Bezug auf die Frage von Flucht und Migration zu verstehen. Das gilt für Deutschland mit seiner dunklen Vergangenheit während der Nazizeit in besonderem Maße. Nicht umsonst wird das Recht auf Asyl in unserem Land sehr hochgehalten.

Asyl, Flucht, Migration: Alle diese Begriffe sind nur aus ihrer Geschichte heraus zu verstehen. Als Flüchtlinge gelten Menschen, die eine Verfolgung wegen »ihrer Rasse, Religion, Nationalität, Zugehörigkeit zu einer bestimmten sozialen Gruppe oder wegen ihrer politischen Überzeugung« nachweisen können. So steht es in der Genfer Flüchtlingskonvention von 1951. Dieser Meilenstein in der Geschichte des Flüchtlingsrechts entstand vor dem Hintergrund der riesigen Fluchtbewegungen während des Zweiten Weltkriegs und danach. Migranten dagegen verlassen ihre Heimat nicht vorwiegend aus politischen, sondern aus ökonomischen Gründen.

Grundsätzlich ist es fast nie nur ein einziger Grund, der Menschen dazu treibt, eine Reise ins Ungewisse anzutreten. In den meisten

Fällen kommen viele Dinge zusammen, die das Verlassen der Heimat als einzig verbleibende Möglichkeit erscheinen lassen. Und doch macht es den entscheidenden Unterschied, ob jemand als Flüchtling oder Migrant gilt, weil es sich dabei um politische und rechtliche Kategorien handelt. Wird jemand an der Grenze abgewiesen oder nicht? Muss er wieder gehen oder darf er im Land bleiben? Und wenn ja, bekommt er einen Arbeitsplatz oder nicht?

Menschen verlassen ihre Heimat wegen Krieg, Terror, Hunger und Arbeitslosigkeit. Eritrea zum Beispiel ist so ein Land: ein autoritäres Regime, Militär- und Arbeitsdienst für die Jugend, Arbeits- und Perspektivlosigkeit im Land und keine Aussicht auf Veränderung. Die vielen Eritreer, die es ins Ausland geschafft haben, schicken Geld nach Hause und berichten von einer besseren Welt. Solche Nachrichten entwickeln eine große Sogwirkung, insbesondere auf die jungen Menschen, die im Land zurückbleiben.

In Asmara habe ich mit jungen Männern gesprochen und anschließend mit dem Staatspräsidenten, der mich überraschenderweise fragte, welche Chancen er habe, diese Männer im Land zu halten. Hier gibt es fast nur Jobs für einen Euro pro Tag. Wenn sie es bis nach Deutschland schaffen, hoffen sie auf ein Asylverfahren und bekommen dann vom ersten Tag an Unterstützung in einer Größenordnung von 500 Euro pro Monat. Das ist für einen 20-jährigen Eritreer sehr viel Geld. Davon kann er einen großen Teil nach Hause schicken, um seine Familie zu unterstützen. Dass er also in der Auswanderung eine Chance auf eine bessere Zukunft für sich sieht, ist wenig überraschend.

Brennpunkte gibt es viele in Afrika. Auch Ägypten ist ein Beispiel. Bald wird die Anzahl der Einwohner die 100-Millionen-Schwelle erreichen. Die Bevölkerung ist sehr jung, ein Viertel ist zwischen 15 und 25 Jahre alt. Von diesen jungen Menschen haben zwei Drittel weder eine Ausbildung noch einen festen Arbeitsplatz, gleichzeitig kennen sie alle den europäischen Lebensstandard genau.

Während eines Aufenthalts in Ägypten hatte ich ein Gespräch mit dem ägyptischen Präsidenten. Sehr realistisch beschrieb er die wirtschaftliche Situation des Landes und den Wunsch der jungen Generation nach einer besseren Zukunft, nach Arbeit, westlichem Konsum und nach Autos. »Ich werde alles tun«, sagte er, »aber ich weiß nicht, ob es gelingt, dass wir innerhalb der nächsten fünf Jahre für Millionen von Jugendlichen Arbeitsplätze im Land schaffen können.« Millionen von Jugendlichen hoffen auf ein anderes, ein besseres Leben. Nicht anders ist die Situation in Tunesien, Algerien oder Marokko.

Anfang des 21. Jahrhunderts verläuft die Wanderung also eher vom Süden in den Norden – auch als Folge der Globalisierung. Währenddessen wächst die Menschheit so schnell wie nie zuvor. Ein weiterer Treiber für Migration ist der Klimawandel. Wenn es nicht gelingt, das Zwei-Grad-Ziel zu erreichen, wird es in einigen Regionen in Afrika nicht mehr möglich sein, Mais, Hirse oder andere Getreidesorten anzubauen. Ohne Pflanzen gibt es kein Leben, weder für Menschen noch für Tiere. Schätzungen gehen von mehreren Hundert Millionen Klimaflüchtlingen aus, die sich in Richtung der kälteren Regionen im Norden aufmachen werden.

Deutschland hat 2015 und 2016 etwa 1,2 Millionen Flüchtlinge und Migranten aufgenommen. Dabei lag der Schwerpunkt auf den Kriegsflüchtlingen aus Syrien, dem Irak und aus Afghanistan. Wir tragen eine humanitäre Verantwortung, Kriegsflüchtlingen und politisch Verfolgten Schutz und Zuflucht zu gewähren. Es zeigt sich aber auch, dass die Integrationsfähigkeit unserer Gesellschaft eine Grenze der Aufnahmefähigkeit darstellt.

Unabhängig davon, ob wir die »Obergrenze« bei 200 000, bei einer Million oder fünf Millionen sehen, löst dies das Problem von Flucht und Vertreibung nicht. 65 Millionen Menschen weltweit auf der Flucht, Krisenherde überall, all diese Probleme können Europa und Deutschland nicht durch Öffnung der Grenzen lösen. Allerdings ist klar, dass die Europäische Union bei der Aufnahme von Kriegsflüchtlingen in viel größerem Maße Offenheit und Solidarität zeigen müsste, als dies heute der Fall ist. Neben 400 000 Toten hat der dramatische Krieg in Syrien etwa acht Millionen Menschen heimatlos gemacht. In großartiger Weise sind Länder wie der Libanon, Jordanien, der Nordirak, die Türkei, aber auch Ägypten aufnahme- und hilfsbereit.

Nur zehn Prozent der Kriegsflüchtlinge aus Syrien sind nach Europa, insbesondere nach Deutschland gekommen. Wir können und müssen mehr tun, um den Menschen vor Ort das Überleben in Kriegszeiten zu sichern und den Kindern in den Camps eine Ausbildung zu bieten. Jordanien, Libanon, der Nordirak und die Türkei und die Millionen von Flüchtlingen dort brauchen dringend unsere Unterstützung.

Ich war unterwegs in den Flüchtlingscamps Erbil, Dohuk und Zaatari und habe die Menschen nach fünf Jahren Flüchtlingscamp nach ihren Wünschen und Perspektiven für die Zukunft gefragt. Die einhellige Antwort war: Wir wollen hier bleiben in der Nähe unserer Heimatregion und möglichst wieder zurückkehren.

Deutschland hat nicht nur innerhalb Europas die allermeisten Kriegsflüchtlinge aufgenommen, sondern hilft auch vor Ort. Wir bauen Flüchtlingsunterkünfte, finanzieren Schulen für Kinder, bilden Lehrer aus und investieren in die Infrastruktur der Aufnahmeländer. So kooperieren wir im Libanon auf dem Sektor der Abfallbeseitigung, in Jordanien beim Wohnungsbau und in der Türkei beim Ausbau von Schulen. Neu ist auch das bereits erwähnte Programm *Cash for Work*. Mit eigener Hand und unserer Unterstützung bauen die Menschen vor Ort ihre einfachen Häuser wieder auf. Es ist die humanste Form, ihnen vor Ort wieder eine Lebens- und Zukunftsperspektive zu geben. Für mich ist kaum verständlich, warum die Europäische Union und die internationale Staatengemeinschaft sich hier nicht stärker engagieren. Für 350 Euro ist die Versorgung eines Flüchtlings in Dohuk für ein ganzes Jahr gewährleistet. Für 5000 Euro können einfache Wohnungen für eine fünfköpfige Familie im Nordirak errichtet werden. Demgegenüber stehen jährliche Kosten in Höhe von 50 000 Euro für einen unbegleiteten Minderjährigen in Deutschland.

Eine andere Herausforderung sind die weltweiten Migrationsbewegungen. Blicken wir insbesondere auf den afrikanischen Kontinent, so kamen 2016 rund 120 000 Afrikaner, meistens auf dem Weg über das Mittelmeer, in Italien an. Die allermeisten unter ihnen sind keine Kriegsflüchtlinge, sondern Migranten auf der Flucht vor Elend,

Not und Hunger und auf der Suche nach einer besseren Zukunft, nach Arbeit und einer Lebensperspektive.

Die Bevölkerungs- und Migrationsentwicklung in Afrika ist eine Generationenherausforderung für Europa.

Die Probleme sind nur durch eine neue Dimension der Entwicklungszusammenarbeit, durch Partnerschaft und Investitionen in diesen Ländern zu meistern. Der afrikanische Kontinent wird sich bis zum Jahr 2050 bevölkerungsmäßig verdoppeln. Um den Menschen eine Lebensgrundlage zu verschaffen, muss also ganz konkret die Ernährung sichergestellt und es müssen Millionen von Arbeitsplätzen auf dem afrikanischen Kontinent geschaffen werden. Die Flucht nach Europa ist nicht die Lösung für die Länder Afrikas oder der MENA-Region (Middle East & North Africa), aber Abschottung und Grenzschließungen können auch nicht die alleinige Antwort Europas sein. Wir dürfen uns dieser Herausforderung nicht entziehen, Afrika ist unser Partnerkontinent. Europa muss zu einer gemeinsamen Strategie für eine neue Partnerschaft für Frieden, Sicherheit und Entwicklung mit dem afrikanischen Kontinent kommen.

Wir brauchen einen Marshallplan mit Afrika. Ein integriertes Gesamtkonzept der Europäischen Union, das nicht nur die Entwicklungspolitik, sondern die Außen-, Sicherheits-, Wirtschafts-, Handels-, Agrar- und Umweltpolitik umfasst. Wir brauchen ebenso ein europäisches Ausländer-, Asyl- und Migrationsrecht. Natürlich muss es Wege und Formen der legalen Migration, des Zugangs und des Austauschs zwischen unseren Kontinenten geben. Migrations- und Entwicklungspartnerschaften sind wichtige Schritte, denen weitere folgen müssen.

Gelangen wir, die Deutschen und die Europäer, nicht zu einer qualitativ und quantitativ völlig neuen Dimension der Kooperation mit den Herkunfts-, Krisen- und Entwicklungsländern dieser Welt, und insbesondere auf dem afrikanischen Kontinent, werden wir mit einem enormen Migrationsdruck konfrontiert werden.

Die Schöpfung bewahren

- Die Welt sollte der nachfolgenden Generation in mindestens dem Zustand, möglichst sogar einem besseren, übergeben werden, in dem sie übernommen wurde. Ziel ist es, dass alle Menschen heute und in Zukunft »gut« leben können – innerhalb der vom Planeten vorgegebenen Grenzen.

- Das Nachhaltigkeitsprinzip ist in der internationalen Politik angekommen. Die *Sustainable Development Goals* der Vereinten Nationen setzen insbesondere auf den Schutz der Weltgemeingüter, etwa der Ozeane, der Atmosphäre und der Wälder. Zugleich wird das Ziel der Wohlstandsmehrung und der Beseitigung von Hunger und Armut weltweit verfolgt.

- Das Konzept der ökologischen Nachhaltigkeit stammt aus der Forstwirtschaft und verlangt, dass nur so viel Holz geschlagen werden darf wie wieder aufgeforstet wird.

- Dieses Prinzip lässt sich auf alle Ökosysteme übertragen: das Klimasystem, fruchtbare Böden, Wasserreservoirs und die Ozeane.

- Das heutige Leitbild der Nachhaltigkeit ist noch viel facettenreicher: Neben ökologischen Anforderungen gilt es auch soziale, ökonomische und kulturelle Anliegen zu berücksichtigen.

ALLE ASTRONAUTEN BERICHTEN von der überwältigenden Schönheit unseres Planeten. Der Blick aus einem Raumschiff in der Umlaufbahn zeigt den gekrümmten Horizont, gesäumt von einer dünnen, königsblau leuchtenden Schicht – der Atmosphäre. Wenn man mit eigenen Augen gesehen hat, wie dünn diese Lufthülle ist, die uns mit Sauerstoff versorgt und uns vor lebensgefährlicher Strahlung aus dem Weltraum schützt, macht man sich seine Gedanken über die Schönheit und die Verletzlichkeit des Planeten.

Faszinierend sind auch die von der Umlaufbahn um die Erde zu beobachtenden jahreszeitlichen Wellen der Vegetation, die sich wie Ebbe und Flut mit wechselnden Farben über die Kontinente, die Steppen, Wälder, Äcker und Weideflächen ziehen – angetrieben durch die Fotosynthese, den biochemischen Prozess und Motor für fast alle Energie- und Stoffkreisläufe der Biosphäre. Pflanzen nutzen die Sonnenenergie, um Wasser und Kohlenstoffdioxid in Glucose und Sauerstoff zum Aufbau von Biomasse umzuwandeln. Die Fotosynthese ist der Ausgangspunkt für alle Nahrungsketten und der Motor fast aller Energie- und Stoffkreisläufe der Biosphäre. Das heißt: Ohne Pflanzen gäbe es kein Leben, keine Tiere, keine Menschen.

Einst war die Erde wüst und leer, wie es in der Bibel heißt. Dank Fotosynthese konnte sich über Hunderte Millionen Jahre ein sich selbst reproduzierendes und regulierendes System entwickeln, das eine unglaubliche Vielfalt an Pflanzen und Lebewesen hervorgebracht hat. Ohne diese wundersame »Biomaschine« wäre der Planet Erde so tot wie der Mars.

Millionen Jahre kam die Erde sehr gut ohne uns Menschen zurecht. Kontinentalverschiebungen, Eiszeiten, Dürren und Hitzeperioden veränderten ihr Gesicht, Dinosaurier und Panzerechsen beherrschten die Welt. Betrachten wir die Entwicklungsgeschichte unseres Planeten im Zeitraffer und lassen sie auf 24 Stunden zusammenschrumpfen, dann ist der Mensch äußerst spät, buchstäblich erst in den letzten fünf Minuten hinzugekommen.

Wäre er »nur« ein hoch entwickeltes Tier wie unsere nächsten Verwandten, die Menschenaffen, wäre er Teil der Biosphäre geblieben. Er würde sich in einem eng begrenzten Territorium bewegen, in einer ökologischen Nische. Aber der Mensch hat sich im wörtlichen Sinne erhoben und in den »letzten fünf Minuten« der Erdgeschichte, besser noch in den letzten Sekunden, völlig neue Entwicklungen angestoßen.

In relativ kurzer Zeit sind durch ihn technische Systeme entstanden, die immer tiefer in die natürlichen Regelkreisläufe einzugreifen vermochten. Damit ist der Mensch gleichsam aus der Natur herausgefallen und hat seine eigene Welt geschaffen mit Städten, Autobahnen und Flughäfen – und, auf der Kehrseite, leider auch den Müll und dem Abfall. Denn die Natur kennt keine linearen Produktions- und Konsumtionsprozesse mit Stoffen, die ohne Verwendung bleiben. Sie ist vor allem in Kreisläufen organisiert.

Um jedoch atmen, trinken und essen zu können, sind auch wir Menschen auf eine intakte Biosphäre angewiesen. Wir brauchen saubere Luft, sauberes Wasser, gesunde Böden. Als Jäger und Sammler nutzten die Menschen etwa eine Tonne Natur pro Kopf und Jahr für ihre Ernährung, einfache Behausungen und Waffen. In Agrargesellschaften waren es bereits drei bis fünf Tonnen. In den modernen Industriegesellschaften schließlich liegt der durchschnittliche Naturverbrauch pro Kopf und Jahr – trotz technischen Fortschritts – bei rund 50 Tonnen, ohne Wasser und Luft hinzuzurechnen. Und das bei einem explosionsartigen Anstieg der Zahl der Menschen während der vergangenen 150 Jahre.

All das hat seinen Preis. Der Nordpol verliert in atemberaubender Geschwindigkeit seine schützende Eisschicht. Gletscher schmelzen und Regenwälder werden gerodet und zerstört. Die Grundwasserspiegel fallen weltweit. In den Ozeanen gibt es immer weniger Fisch – dafür immer mehr Plastikmüll, der sich im Pazifik zu einem gigantischen Müllteppich angesammelt hat. Meerestiere und Vögel gelangen in Kontakt damit und nehmen Kunststoffteile als vermeintliches Futter auf. Viele von ihnen verenden, und mit den überlebenden Fischen landet der Müll schließlich in den Mägen von uns Menschen.

Zwei Drittel der Oberfläche unseres Planeten sind mit Wasser bedeckt. Die Ozeane sind der größte Lebensraum der Welt. Ozeane speichern etwa die Hälfte des vom Menschen verursachten CO_2 – wodurch sie weiter versauern. Die Folgen der Abnahme des ph-Werts für die komplexen Nahrungsketten in den Meeren und damit für das gesamte Ökosystem sind noch nicht abzusehen. Ozeane werden nicht nur verdreckt, durch den Klimawandel erhöht sich auch die Wassertemperatur, und der Meerwasserspiegel steigt. Dabei haben wir allen Grund, die Ozeane und ihre Bewohner zu schützen. Denn sie sind eine unserer wichtigsten Eiweißquellen. Weltweit lebt ein Zehntel der Menschen direkt oder indirekt vom Fischfang. In den Entwicklungsländern sind es anteilig noch einmal deutlich mehr.

Seit 1950 hat sich die weltweite Anlandung von wild gefangenem Fisch verfünffacht. Seit vielen Jahren aber stagniert die Menge wegen anhaltender Überfischung – die Meere geben einfach nicht mehr her. Eine Alternative ist Fisch aus Aquakulturen. Kein anderer Bereich der Nahrungsmittelproduktion ist in den vergangenen Jahren so stark gewachsen. Dabei spielt Lachs aus Norwegen, wie wir ihn kennen, global nur eine bescheidene Rolle. Der mit Abstand größte Produzent von Zuchtfisch ist China.

Bis vor wenigen Jahrzehnten galten die weiten Ozeane und ihre Fischpopulationen als unerschöpflich. Heute jagen dort riesige Fabrikschiffe. Sie finden die Fischgründe dank GPS mit hoher Präzision, orten die Fischschwärme mit Echolot und kesseln sie mit gewaltigen ringförmigen Netzen ein. Ganze Schwärme von Heringen, Makrelen oder Thunfischen werden an Bord gehievt, anschließend sofort zerlegt und im bordeigenen Kühlhaus tiefgefroren. Hightech-Flotten greifen mit vernichtender Wirkung in ein Biosystem ein, das sich über Jahrtausende aufgebaut hat. Dadurch verlieren Millionen von einfachen Fischern ihre Existenzgrundlage. Mehr als ein Viertel der weltweiten Fischbestände ist mittlerweile überfischt oder zusammengebrochen. Durch illegale Fischerei wird der Druck auf die Bestände in den internationalen Gewässern weiter verstärkt.

Besonders kritisch ist die Situation vor Westafrika. Davon konnte ich mich in Mauretanien selber überzeugen. Oft kommen die Piratenfischer bis auf Sichtweite an die Küsten heran. Die heimischen Fischer mit ihren Holzbooten müssen zusehen, wie ihre Existenzgrundlage geplündert wird. Der Anteil des illegalen Fischfangs vor der westafrikanischen Küste beträgt etwa 40 Prozent – es ist der höchste Wert weltweit. Für die in dieser Region ohnehin stark ausgebeuteten Fischbestände ist das ein katastrophaler Raubbau.

Häufig wird der Fisch auf See von kleinen Fangbooten auf größere Kühlschiffe umgeladen. Die Fangboote bleiben vor Ort und fischen weiter, die Kühlschiffe laufen Häfen in Ländern an, in denen sie ungestört ihre Ladung löschen können, weil dort nur lasch kontrolliert wird.

Mauretanien hat reagiert, indem es mit deutscher Unterstützung eine satellitengesteuerte Fischereiaufsicht aufgebaut hat. Die Schiffe vor der Küste werden nun von einem satellitengestützten System erfasst. Schon jetzt hat der Druck auf Mensch und Natur durch skrupellose Fischer spürbar nachgelassen.

Meeresschutz und nachhaltige Fischerei sind äußerst wichtig. Derzeit werden Projekte zu diesen Themen in vielen Partnerländern gefördert. Dabei geht es vor allem um die Ausdehnung und bessere Überwachung von Meeresschutzgebieten, um die Förderung der nachhaltigen Kleinfischerei und um den Aufbau von geregelten Aquakulturen. Fisch muss nachhaltig und sozial verträglich produziert, verarbeitet und vermarktet werden. Die Informationen darüber werden über Zertifizierungsverfahren an den Verbraucher weitergegeben – damit er sich umfassend informieren und verantwortungsvoll handeln kann.

Ob Ozeane, Klima, Wälder, fruchtbare Böden – alle Ökosysteme sind endlich. Wir befinden uns an einer Weggabelung. Leben wir so, dass wir als erste Generation die Erde an den Rand der Apokalypse treiben? Oder leben wir nachhaltig, sodass es menschliches Leben auf hohem Zivilisationsniveau auch noch in den kommenden Jahrhunderten auf der Erde geben wird? Die Frage entscheidet sich entlang der Wirtschafts- und Konsummuster – und zwar heute, in unserer Generation.

Nachhaltigkeit ist ein konservatives Konzept zur Bewahrung der Schöpfung auch für alle kommenden Generationen. In Deutschland gilt Hans Carl von Carlowitz, der gegen Ende des Dreißigjährigen Kriegs geboren wurde, also in einer Zeit großer Umbrüche und dramatischer Entwicklungen lebte, als Schöpfer des Nachhaltigkeitsbegriffs.

Mit 32 Jahren wurde er sächsischer Vizeberghauptmann, in dessen Verantwortung die Versorgung des Silberbergbaus mit Holz lag. Die Silberproduktion wiederum spielte eine wichtige Rolle bei der Finanzierung des sächsischen Staates. Von Carlowitz' Vater und Großvater waren beide sächsische Oberforstmeister, von klein auf hat Hans Carl also Einblick in die gesamte Forstwirtschaft gewinnen können – einschließlich der energetischen Holzverwertung der Köhler und Holzhauer. Bergbau, Metallgewinnung und -verarbeitung, der Betrieb von Salinen, der Bau von Häusern, Schiffen und Kriegsschiffen, alle diese Wirtschaftszweige hingen am Holz als der entscheidenden energetischen und materiellen Ressource.

Über lange Zeiträume hinweg wurde bedenkenlos mehr Holz geschlagen als nachwuchs. Auch im gesamten Mittelmeerraum kam es zur Verkarstung weiter Landstriche, an der Griechen, Römer und später die Venezianer mit ihrer gewaltigen Flotte ihren Anteil hatten. Aus heutiger Sicht muss man sich stets vor Augen führen, dass Holz bis weit ins 18. Jahrhundert hinein das Bau- und Konstruktionsmaterial schlechthin war und der Wald der wichtigste Energielieferant überhaupt – so wie heute das Öl.

In seinem Grundlagenwerk *Sylvicultura oeconomica*, das ein Jahr vor seinem Tod 1714 veröffentlicht wurde, formulierte von Carlowitz erstmals die Überlegung, respektvoll und pfleglich mit den Rohstoffen, die die Natur uns bietet, umzugehen und den Raubbau der Wälder zu stoppen. Dazu bedürfe es eines geregelten Waldbaus, der auf ein Gleichgewicht zwischen An- und Zuwachs und Abhieb des Holzes ausgerichtet ist und also auch bereits eingetretene Schäden wiedergutmacht. Gemeint war damit keine statische Balance zwischen Zuwachs und Abholzen. Dem Oberberghauptmann waren die natürlichen Prozesse und ihre Wechselwirkungen durchaus vertraut, also das, was wir heute dynamische Fließgleichgewichte nennen.

Das Denken von Carlowitz' beinhaltet bereits die wesentlichen Dimensionen dessen, was wir heute Nachhaltigkeit nennen. Zunächst ist da die ökologische Seite, also der Erhalt des Reichtums der Natur, die uns großzügig beschenkt. Die ökonomische Seite, die von Carlowitz aus der biblischen Schöpfungsgeschichte und dem Gebot, die Erde zu bebauen und zu bewahren, ableitete; schließlich die sozialethische Seite, das heißt die Beförderung einer allgemeinen Landeswohlfahrt – einschließlich der Vorsorge für die nachfolgende Generation, die den moralischen Kern seiner Ökonomie darstellt.

Mit Recht darf man Hans Carl von Carlowitz heute als einen Vordenker der Nachhaltigkeit in Deutschland ansehen. Dass sich die Lage im Vergleich zum 18. Jahrhundert heute ganz anders darstellt, ist offenkundig. Nicht nur hat sich die Zahl der Menschen in den letzten 300 Jahren fast verzehnfacht und ist die Produktion von Gütern und Dienstleistungen, samt der eingesetzten Energie, um den Faktor 100 gewachsen, alle Prozesse in allen Bereichen laufen heute ungleich viel schneller als in der Vergangenheit. Gemessen daran hatte die Menschheit damals viel mehr Zeit zur Verfügung, begangene Fehler wiedergutzumachen. Und ökologisch war nicht der ganze Globus bedroht, sondern »nur« der Wald.

Die Einsichten von Hans Carl von Carlowitz und anderen Vordenkern sind heute Allgemeingut. 300 Jahre nach seinem Tod finden sich seine Einsichten in den *Sustainable Development Goals* (SDG) der Vereinten Nationen wieder. Aus Sicht der UN sind die SDG so etwas wie die Leitlinie der internationalen Politik für die Zeit bis 2030 – ein »Weltzukunftsvertrag«.

- Das Ziel Nummer 13 lautet: Ergreifen dringender Maßnahmen zur Bekämpfung des Klimawandels und seiner Folgen.
- Ziel Nummer 14: Erhaltung und nachhaltige Nutzung der Ozeane, Meere und Meeresressourcen für eine nachhaltige Entwicklung.
- Ziel Nummer 15: Schutz, Wiederherstellung und Förderung der nachhaltigen Nutzung der terrestrischen Ökosysteme, nachhaltige Bewirtschaftung der Wälder, Bekämpfung der Wüstenbildung, Stopp und Umkehrung der Landdegradierung und Stopp des Verlustes an biologischer Vielfalt.

Wir erleben derzeit einen weltweiten Durchbruch der ökosozialen Orientierung – zumindest auf der Ebene der »Worte«. Nichts anderes ist die Übereinkunft in New York über die 17 SDG für eine gerechte Weltordnung. Nun geht es darum, diese Ziele tatsächlich zu erreichen und umzusetzen. Gemeingüter wie Luft, Meer und Wasser benötigen einen Preis. Schon deshalb, weil auf diese Weise der Naturverbrauch ins wirtschaftliche Kalkül, konkret in die Bilanzen der Unternehmen eingehen würde und die Preise so auch die ökologische Wahrheit sagen würden.

Ein positives Beispiel globaler Kooperation im Sinne der SDG findet sich im Klimabereich. Auf ihrem Treffen in Elmau im Juni 2015 haben die G-7-Staaten eine Initiative zur Klimarisikoversicherung *(InsuResilience)* vereinbart – eine Maßnahme, die helfen soll, arme und schutzlose Menschen finanziell vor Schäden durch den Klimawandel zu schützen. Trockenheit, Überflutungen, steigender Meeresspiegel, all dies trifft die Menschen in Entwicklungsländern besonders hart, und das, obwohl sie selber nur wenige Klimagase produzieren. Sie sind aber die Opfer! Durch die Klimarisikoversicherung erhalten sie Rechtsansprüche auf finanzielle Kompensation des erlittenen Schadens, kommen auf diese Weise aus der Rolle der Bittsteller heraus und erhalten so ein Stück Zukunft und Würde zurück.

Bei Ernteausfällen zum Beispiel bekommen betroffene Haushalte direkte Hilfen. Beim Wiederaufbau nach Katastrophen geht das Geld an die Staaten, die sich in sogenannten Risikopools gegenseitig gegen Klimarisiken absichern. Bei den Klimaverhandlungen 2015 in Paris haben die G-7-Staaten eine erste Unterstützung versprochen. Durch weitere Zusagen bei den Klimaverhandlungen 2016 in Marrakesch liegt das Fördervolumen derzeit bei 550 Millionen US-Dollar. Allein der deutsche Beitrag beläuft sich auf rund 190 Millionen Euro.

 Globale Güter wie die Atmosphäre und die Ozeane müssen einen besonderen Schutzstatus durch die UN erhalten. Außerdem müssen ökologische Mindeststandards weltweit gelten, über die gesamten Produktionsketten hinweg. Dabei sind ökologische und soziale Standards eng miteinander verknüpft. Die Ausbeutung der Menschen geht oft

Hand in Hand mit der Ausbeutung der Natur. Ob Holzeinschlag, Mineralienabbau, Fischfang oder der Handel mit Müll und dessen »Entsorgung« – ich setze auf ökosoziale Standards als feste Bestandteile der internationalen Rechtsordnung. Wo das (noch) nicht möglich ist, sollten Verbraucher und Unternehmer vorangehen und auf Vorzeigeprodukte eines fairen Handels setzen.

Ein Beispiel: Ein Smartphone kann heute leicht bis zu 800 Euro und mehr kosten. Darin stecken Seltene Erden aus Kongo und andere Mineralien wie Coltan. Es muss klar sein, dass ein Konzern wie Apple, der seine Produkte weltweit vertreibt, ökosozialen Standards verpflichtet sein muss – über die gesamte Wertschöpfungskette hinweg, von den Minen in Kongo bis zur Entsorgung der Produkte. Für die Übergangszeit, in der dies keine Selbstverständlichkeit ist und in der Nachhaltigkeit auch durch die geltende WTO-Logik nicht eingefordert beziehungsweise teilweise sogar erschwert wird, brauchen wir eine durchgängige Zertifizierung. Damit der Verbraucher weiß, was er kauft und mit seiner Kaufentscheidung dazu beitragen kann, Nachhaltigkeit in weltweiten Wertschöpfungsketten zu verankern.

WAS ZU TUN IST

Ressourcengerechtigkeit

- Bei der heutigen Ressourcenproblematik geht es nicht nur um Stoffe, Materialien und deren (noch) verfügbare Mengen, sondern auch um Fragen ihrer Verteilung und damit um eine zentrale Gerechtigkeitsfrage.

- Die Ökosysteme stehen bereits unter enormem Druck. Ein Weiter-so bei steigender Weltbevölkerung verschärft die ökologischen Probleme.

- Innovationen haben ein riesiges Potenzial für Lösungen – ein naiver Technikoptimismus hilft jedoch nicht weiter. Technologische Innovationen müssen von adäquaten Rahmenbedingungen flankiert werden. Deswegen muss es immer um beides gehen: technische *und* soziale Innovationen.

- Mehr aus weniger machen: Die Verbesserung der Ressourcenproduktivität ist ein zentraler Lösungsansatz, bei dem allerdings die Gefahr des Rebound-Effekts nicht außer Acht gelassen werden darf. Reine Effizienzmaßnahmen bewirken oft sogar einen Anstieg des Ressourcenverbrauchs, weil es zu kontraproduktiven Neben- und Rückkopplungseffekten wie einer Verlagerung und Steigerung des individuellen Verbrauchs kommt.

- Entwicklung und Wohlstand für alle erfordern zahlreiche Innovationen, dazu neue Produktions- und Konsummuster, eine innovative Art zu bauen, eine globale Verkehrswende, neue Wasser- und Abfallkonzepte.

FÜR UNS EUROPÄER SIND DIE GEWALTIGEN DIMENSIONEN der Agrarproduktion in Südamerika kaum fassbar. Zwei Stunden lang flog ich in Argentinien mit dem Flugzeug nur über Sojafelder. Immer weiter – kilometerweit Soja, nichts als Soja, Millionen von Hektar. Eine gigantische Monokultur. Die Flächen werden aus der Luft mit dem Herbizid Glyphosat besprüht. Alles Lebendige geht dabei zugrunde, ob Blumen oder Gräser – nur die Sojapflanzen überleben. Weil sie gentechnisch verändert sind. 90 Prozent der argentinischen Sojaproduktion erfolgen auf diese Weise.

Soja wird genutzt, um Öl, Margarine und Kosmetikartikel zu produzieren. Der überwiegende Teil jedoch, etwa 80 Prozent der weltweiten Sojaernte, geht als Sojamehl in die Tierproduktion, weil die Sojabohne nicht nur Fett, sondern auch viel Eiweiß enthält. Die weltweite Anbaufläche beträgt mittlerweile mehr als 110 Millionen Hektar. Das entspricht etwa der dreifachen Fläche Deutschlands.

Die Sojafelder fressen sich immer weiter in die argentinische Pampa und die Regenwälder hinein. Immer neue Flächen kommen unter den Pflug. Aus einer Landschaft mit hoher Artenvielfalt wird immer mehr eine Monokultur. Argentinien und Brasilien haben natürlich selber ein hohes Interesse an dieser Produktion. Die Einnahmen aus den riesigen Sojaplantagen tragen entscheidend zur Finanzierung der Staatshaushalte bei.

Ich bin auf einem Bauernhof in Bayern groß geworden und mit meinem Vater noch aufs Feld gefahren. Über Jahrhunderte galt in Europa als feste landwirtschaftliche Regel, dass der Boden den Fruchtwechsel braucht, um sich regenerieren zu können. Niemand weiß heute, wie sich 20 Jahre Sojamonokulturen auf die Böden in Südamerika auswirken werden. Möglicherweise kann man diese Flächen in wenigen Jahren gar nicht mehr für die Landwirtschaft nutzen. Die Sojamonokulturen in Südamerika stehen exemplarisch dafür, wie Biodiversität für einen kurzfristigen Profit zerstört wird.

Ich habe auch gesehen, wie die argentinische Sojaernte auf gigantische Schiffe verladen wird, deren Zielhäfen in Nordamerika, Europa und China liegen. Ein kleinerer Prozentsatz der Sojabohnen wird zu

Agrartreibstoff verarbeitet, der überwiegende Teil aber geht in die Tierproduktion. Soja ist die Futtergrundlage für Milliarden von Schweinen, auch und gerade in Ländern, deren Böden zu wenig für die industrielle Fleischproduktion hergeben. Gewaltige Mengen Biomasse werden in Südamerika verschifft und in andere Teile der Welt transportiert. Dort wird die pflanzliche Nahrung von Tieren aufgenommen und anschließend wieder an die Natur zurückgegeben, nämlich in Form von Gülle, woraus sich wiederum hohe Nitrat- und Stickstoffbelastungen ergeben, nicht nur für die Böden, sondern auch für das Grundwasser. Langfristig kommt so die globale Nährstoffbilanz dauerhaft aus dem Gleichgewicht. Die Produktion in fernen Ländern wird losgelöst von den natürlichen Grundlagen wie Boden und Wasser vor Ort.

Das Beispiel Soja zeigt, dass der Mensch mit seiner heutigen Wirtschaftsweise, die nicht nachhaltig ist, der Natur langfristig massiv schadet. Der Regenwald wird geplündert. Biomasse wird massenhaft und global verschoben – ohne Rücksicht auf das Funktionieren der regionalen Ökosysteme. Fruchtbarer Boden wird für kurzfristige Erträge zerstört, langfristige Schäden werden achselzuckend hingenommen.

Die Zukunft muss anders aussehen: Die Globalisierung darf insbesondere nicht dazu führen, dass unser Konsum und unsere Art zu leben an anderen Stellen der Welt zu einer Zerstörung der Ökosysteme führen, für die niemand aufkommt. Wir sollten die Globalisierung dort vorantreiben, wo es sinnvolle Synergieeffekte gibt. Wo das nicht der Fall ist, sollten wir nationale und regionale Strukturen nutzen. Wir müssen unser Leben und unseren Konsum wieder in Einklang mit den Grenzen des Planeten bringen. Vor allem sollten die Regionalbezüge der Landwirtschaft wieder gestärkt werden. Eine gegebene Fläche kann nur eine bestimmte Menge an Tieren ernähren. Folgt man diesem Grundsatz, werden der Fleischproduktion automatisch regionale Grenzen gesetzt. Die Bindung der Produktion an die Fläche würde helfen, regionale Landwirtschaft und bäuerliche Familienbetriebe zu stärken und zu erhalten und Massentierhaltung ohne ausreichend Grund und Boden – und damit auch nicht vertretbare Güllemengen – zu verhindern.

Der Boden, der Regenwald, die Ozeane und die Süßwasserreservoire – alles ist endlich. Viele Ökosysteme sind mittlerweile aus ihrem empfindlichen natürlichen Gleichgewicht geraten. Die Ozeane sind überfischt, die Atmosphäre ist zur Müllkippe für CO_2 und andere Klimagase geworden, auf allen Kontinenten fallen die Grundwasserspiegel, Tag für Tag gehen fruchtbare Böden verloren, die Abholzung schreitet voran.

Das Konzept des ökologischen Fußabdrucks hilft, zu ermitteln, ob ein Einzelner, ein Unternehmen oder eine Gesellschaft einen Umwelt- beziehungsweise Ressourcenverbrauch aufweist, der als ökologisch nachhaltig bezeichnet werden kann – oder eben nicht. Die Grundfrage lautet: Wie viel Natur haben wir – wie viel nutzen wir? Die Maßeinheit des ökologischen Fußabdrucks ist die biologisch aktive Fläche, zum Beispiel ein Acker, eine Weide oder ein Wald. Wie viel von diesen Flächen wird benötigt, um uns zu ernähren, zu kleiden, für Unterhaltung zu sorgen oder für Mobilität, und nicht zuletzt, um unsere Abfälle zu beseitigen?

Bezogen auf die Weltgemeinschaft sind die Ergebnisse eindeutig. Derzeit benötigt die Menschheit mehr als eineinhalb Planeten, um so zu leben, wie sie es tut – vorausgesetzt, sie will die CO_2-Anreicherung der Atmosphäre und den drohenden Klimawandel durch biologische Sequestrierung verhindern. De facto leben wir also bereits von der Substanz beziehungsweise nehmen wir den schleichenden Klimawandel hin. Diese Übernutzung – oder wie Wissenschaftler sagen *overshoot* – ist mit dem Überziehen eines Kontos vergleichbar. Man kann eine Weile von Krediten leben, aber irgendwann ist es endgültig vorbei, und es folgt der Bankrott. Die ökologischen Trägersysteme kollabieren, was zwar nicht das Ende der Erde bedeutet, aber eine immer empfindlichere Einschränkung unserer Möglichkeiten. Wenn das Grundwasser aufgebraucht ist und selbst die stärksten Pumpen nichts mehr fördern können, dann ist auf den Feldern, die mit Grundwasser bewässert werden, keine landwirtschaftliche Produktion mehr möglich.

Das bedeutet wiederum nicht, dass es keine landwirtschaftlichen Erzeugnisse mehr gibt. Es gibt sie nur nicht mehr von diesen betroffenen Anbauflächen. Unsere Möglichkeiten schränken sich immer mehr ein. Generell gilt dabei aber dennoch: Wer genügend Geld hat, kann sich noch lange viele Dinge leisten und hat immer noch eine Wahl. Wenn es in der Supermarkt-Kühltruhe keine Schollen mehr gibt, dann gibt es stattdessen Pangasius, der von irgendwoher eingeflogen wird. Allerdings gibt es für den, der kein Geld hat, weder Schollen noch Pangasius. Zwar sagt das alte Sprichwort der Indianer: »Geld kann man nicht essen«. Es heißt aber auch: »Wer Geld hat, bekommt den letzten Fisch.«

Um noch einmal daran zu erinnern: Etwa 20 Prozent der Menschen auf dem Planeten nutzen 65 Prozent der Ressourcen, und zehn Prozent der Weltbevölkerung verfügen über 90 Prozent des Eigentums. Dass dies von vielen als Ungerechtigkeit empfunden wird und irgendwann zu Aggressionen, Widerstand und sogar Bürgerkriegen führen kann, muss eigentlich niemanden verwundern.

Bereits heute lebt die Menschheit mit knapp acht Milliarden Menschen ökologisch über ihre Verhältnisse. Zwei Milliarden Menschen bilden die globale Mittelschicht, viele wollen dorthin, wo die Wohlhabenden bereits sind, und Jahr für Jahr kommen weitere 80 Millionen Menschen hinzu. Ein Weiter-so mit zehn, vielleicht sogar zwölf Milliarden Menschen zum Ende dieses Jahrhunderts ist nach allem, was wir heute wissen, nicht möglich – und führt unweigerlich in den ökologischen Kollaps.

Was also tun in diesem vom Menschen geprägten Zeitalter, dem Anthropozän? Lassen wir eine Welt entstehen, in der jeder nur an die eigenen Bedürfnisse denkt, an den eigenen Vorteil, an das eigene Land? Wird »Nach uns die Sintflut« zu unserem Motto? Oder versuchen wir, in internationaler Kooperation eine humane Welt für alle, eine gerechte Welt, eine Welt in Balance, im Einklang mit der Natur zu schaffen?

Die Menschheit steht an einer Weggabelung. Wir sind die erste Generation, die den Planeten mit ihrem Konsum- und Wachstumsmodell an den Rand des Abgrunds führen kann. Wir sind aber auch die erste Generation, die über das Wissen, die Technik und die Innovationen verfügt, um eine Klimakatastrophe zu verhindern und eine Welt ohne Hunger und Epidemien zu schaffen.

Es ist unsere Entscheidung. Schaffen wir einen Paradigmenwechsel und stellen unserem heutigen Konsum- und Wachstumsmodell eine neue globale Verantwortungsethik entgegen, dann können wir die bestehenden Herausforderungen – Hunger, Klimaschutz, Gerechtigkeit – meistern. Ressourcengerechtigkeit ist eine entscheidende Voraussetzung für Sicherheit und Frieden. Gehen wir den bisher verfolgten Weg aber weiter, werden die Krisen zunehmen: noch mehr Flüchtlinge, noch mehr gewalttätige Konflikte, noch mehr zerbrechende Staaten.

Nachhaltigkeit muss die Richtschnur all unseres Tuns sein, ökonomisch, ökologisch, sozial und kulturell. Für die Industrieländer bedeutet das die Beschränkung ihres immensen Verbrauchs von Ressourcen wie Öl, Kohle, Wasser und Boden und außerdem eine Steigerung der Ressourcenproduktivität um den Faktor fünf bis zehn durch Innovation.

Wir müssen in einen Zustand kommen, in dem alle Menschen auf dem Planeten in Würde leben können. Es gilt, endlich für alle Menschen die Grundbedürfnisse nach Nahrung, Wasser, Wohnen und Arbeiten zu befriedigen, was für die Industrieländer, die sich diesen Wohlstand bereits erarbeitet haben, bedeutet, neu teilen lernen zu müssen. Ein weiteres Wachstum auf Kosten anderer darf und wird es auf Dauer nicht geben.

Bei der Ressourcenfrage geht es also nicht um die bloßen Materialien, es geht um Verfügbarkeit, um Verteilung und um Gerechtigkeit. Die einen fliegen für ein paar Stunden oder Tage nach Paris, New York oder Singapur zum Einkaufen. Die anderen produzieren für Hungerlöhne die Waren und Dienstleistungen, die die Menschen der reichen Welt nachfragen, und leiden unter dem Klimawandel, den sie nicht selber verursacht haben.

Ein erfolgversprechender Ansatz zum Umgang mit natürlichen Ressourcen wie Nahrungsmitteln, Trinkwasser, Holz oder auch Energieträgern wie Gas und Öl oder Erzen oder gar Sand – selbst Sand ist global ein echtes Knappheitsproblem geworden – besteht darin, haushälterisch und klug mit den Ressourcen umzugehen. Konkret bedeutet dies, die Dinge nicht zu verschwenden, sie sparsam einzusetzen, und außerdem auch, sie öfter und länger zu nutzen. Das ist sicherlich keine neue Erkenntnis. Schaut man sich die heutigen Verhältnisse aber genauer an, ist ihre Umsetzung durchaus keine Selbstverständlichkeit.

Beispiel Papier: Das Grundrezept für die Herstellung ist noch dasselbe wie vor 2000 Jahren: pflanzliche Faserstoffe in Wasser verdünnt, auf ein Faservlies gegeben und trocknen gelassen. Im Mittelalter wurden Lumpen (Hadern) zerstückelt, in Wasser eingeweicht und zerstampft, die Masse wurde in Bütten gegeben, aus denen das Papier dann mit feinen Sieben geschöpft wurde. Heutige Zellstofffabriken kosten dreistellige Millionenbeträge, und die Papiermaschinen sind so groß und teuer wie ein Jumbojet und auf höchste Effizienz getrimmt. Über die gesamte Produktionskette betrachtet, erfordert die Papierherstellung zwar immer noch viel Wasser, Energie und Holzfasern, was verglichen zu früher aber nur noch einen Bruchteil an Ressourcen pro Bogen Papier ausmacht. Die Papierherstellung wurde im Laufe ihrer 2000-jährigen Geschichte durch technische Innovationen also gründlich »dematerialisiert«. Fortschritte in der effizienteren Nutzung von Ressourcen werden dank besserer Technik heute in vielen Bereichen erzielt, nicht nur bei den alten Kulturtechniken.

Überall sieht man aber auch die Kehrseite dieser Entwicklung. Im Kontext der Papierherstellung wird sie besonders deutlich. Es kommt zu einer anhaltenden Steigerung des Papierverbrauchs. Entgegen allen Prophezeiungen vom »papierlosen Büro«, das die Digitalisierung mittelfristig möglich machen sollte, erfüllte sich die Hoffnung, dass Papier nach und nach aus den Büros und aus den Zeitungsständern verschwinden würde und von der Liste der Verpackungsmaterialien gestrichen würde, nicht. Die Menschen nutzen zwar immer mehr Displays, Handys, Tablets und Laptops. Papier wird heute dennoch noch immer in Massen bedruckt und als Verpackungsmaterial verwendet – sogar mehr denn je.

Dieser sogenannte Bumerang- oder Rebound-Effekt zieht sich durch die gesamte Technikgeschichte. Die Dampfmaschine des James

Watt war viel effizienter im Kohleverbrauch als ihre Vorläufer. Aber weil mit ihr in den Bergwerken stärkere Pumpen betrieben werden konnten, wurde auch mehr Kohle gefördert. Mit der Dampfmaschine kam die Industrialisierung erst richtig in Schwung, weil nun ausreichend maschinelle Kraft zur Verfügung stand, um zum Beispiel immer mehr Kohle aus der Tiefe zu fördern. Später kam jemand auf die Idee, Dampfmaschinen auf fahrbare Untergestelle zu montieren und diese auf Gleise zu stellen. So konnten auch weiter entfernte Märkte erschlossen werden. Im Ergebnis hat die effiziente Maschine des James Watt zu einem gewaltigen Mehrverbrauch an Kohle beigetragen.

Dieses Phänomen ist auch noch heute zu beobachten. Die moderne Informationstechnik hat nicht dazu geführt, dass wir weniger reisen, weil wir nun miteinander telefonieren oder skypen können. Im Gegenteil, während der Reise organisieren wir mithilfe des Smartphones bereits die nächste.

All das spricht nicht gegen Innovationen. Aber das Wissen um den Rebound-Effekt sollte uns vor naivem Technikoptimismus bewahren. Der technische Fortschritt birgt ungeheure Kräfte – im Guten wie im Schlechten. Es kommt daher darauf an, wie man mit ihm umgeht beziehungsweise unter welchen gesellschaftlichen und wirtschaftlichen Regelwerken er zur Wirkung kommt.

Wir brauchen noch viel mehr IT und intelligentere Lösungen – aber nicht jedes Jahr ein neues Smartphone, sondern IT für die Bildung und Ausbildung von Millionen Menschen auf dem Land, für Gesundheit und Versorgung. Auch brauchen wir kostengünstige und saubere Energie – aus regenerativen Quellen.

Entscheidend sind die Bedingungen, unter denen sich die Dynamik und die Innovationskraft der Märkte entfalten können – und zwar in eine mit Nachhaltigkeit kompatible Richtung. Nicht die Technik, sondern die Governance beziehungsweise die Rahmenbedingungen sorgen letztlich für konsequenten Umweltschutz und sozialen Ausgleich. Mit ihrer Hilfe kann der Rebound-Effekt verhindert werden.

In einigen Bereichen ist das bereits gelungen. Beispielsweise steigt in den Industrieländern die Nachfrage nach Energie nicht weiter an. Wirtschaftswachstum und Energieverbrauch sind entkoppelt, zumindest relativ. Beim Ressourcenverbrauch sehen wir diesen Sättigungseffekt noch nicht. Nach wie vor verbrauchen entwickelte Länder – direkt oder indirekt – viel zu viel organische und anorganische Ressourcen und zu viel Fläche. Vor allem verbrauchen sie Ressourcen, die nicht ihre »eigenen« sind, sondern importiert werden. Dieses Wirtschaftsmodell ist nicht zukunftsfähig. Das westliche Konsummodell kann nicht die Lösung für Afrika oder Indien sein.

China hat in den vergangenen Jahren unvorstellbare Mengen an Beton und Stahl verbaut: für Wohnhäuser, Krankenhäuser, Fabriken, Straßen und Flughäfen. Aus der Geschichte kennen wir ähnliche Prozesse beim Wiederaufbau Europas nach dem Zweiten Weltkrieg oder beim Aufstieg Japans in den 1960er- und 1970er-Jahren. Es sind die Phasen, in denen das materielle Fundament für die Infrastruktur eines modernen Landes gelegt wird. Beton und Stahl benötigen zu ihrer Herstellung sehr viel Energie – bislang aus fossilen Quellen. Würde man Afrika und das ländliche Indien mit derselben Technik entwickeln, würde der Energiebedarf aus fossilen Quellen und folglich der CO_2-Ausstoß dramatisch zunehmen. Das Zwei-Grad-Ziel im Klimabereich wäre nicht mehr zu erreichen.

Nach allem, was wir heute wissen, wird die Architektur in den Entwicklungsländern deshalb anders aussehen und auf andere Baustoffe setzen müssen – insbesondere auf Holz. Im Holzbau zeichnet sich derzeit eine Renaissance ab. Denn Holz ist der einzige Baustoff, den die Natur selber herstellt. Es ist ein nachwachsender Rohstoff, bindet Kohlendioxid und ist in vielen Teilen der Welt einfacher zu beschaffen als Beton. Zudem ist Brandschutz mittlerweile kein prohibitives Thema mehr, weil es beherrschbar geworden ist. Holz lässt sich so bearbeiten, dass es weitgehend feuerresistent wird. Inzwischen können deshalb sogar Hochhäuser aus Holz gebaut werden.

Auch im Hinblick auf Verkehr und Mobilität wird es neue Lösungen geben müssen. Afrika und Indien stehen hier als Wachstumsmärkte vor großen Herausforderungen. Schon heute ist offensichtlich, dass dort neue Mobilitätskonzepte notwendig sind – nicht nur wegen der Ressourcen- oder Klimafrage. Staus in Kairo verursachen schon jetzt jährliche Kosten in Höhe von acht Milliarden US-Dollar. Das entspricht vier Prozent der gesamten Wertschöpfung eines Jahres in Ägypten. Staus und Luftverschmutzung haben in vielen Megastädten der Welt ein Ausmaß erreicht, das höchst gefährlich für ihre Bewohner ist. Beispiele sind Peking oder New Delhi. Wenn die Smogglocke über ihren Städten wieder einmal besonders dicht ist, verlassen die Menschen ihre Wohnungen nur noch, wenn sie müssen. In China führt das zum Beispiel zu einem Boom der Lieferdienste für Fertigmahlzeiten. Die Städte sind nicht für so viele Autos gebaut. Der Erfolg des Individualverkehrs schlägt zunehmend in eine massive Schädigung der Wirtschaft um. An termingerechte Lieferungen und verlässliche Zeitabsprachen ist nicht mehr zu denken.

Das Entwicklungsministerium arbeitet derzeit an einer Initiative für neue urbane Mobilität. Wir unterstützen Städte in Entwicklungs- und Schwellenländern mit Know-how und innovativen Mobilitätslösungen bei der Entwicklung ihrer Verkehrssysteme. Wir möchten helfen, die gesundheitlichen Risiken durch den Verkehr zu minimieren. Der öffentliche Nahverkehr soll auch für ärmere Bevölkerungsschichten nutzbar werden. Ein Beispiel ist Windhuk, die Hauptstadt Namibias. Dort gibt jeder zweite Bewohner mehr als ein Viertel seines Einkommens für Mobilität aus. Wir wollen dazu beitragen, dass in Windhuk und in anderen Partnerstädten allen Einwohnern öffentliche Verkehrsmittel zu erschwinglichen Preisen angeboten werden. Neue Mobilitätskonzepte für Afrika, Indien und die Wachstumsregionen sind unabdingbar. Die deutsche Industrie sollte diese Herausforderung annehmen.

Vor allem in den Städten von morgen wird sich entscheiden, ob Armut überwunden werden kann und ob Leben, Arbeiten und Wohnen von Millionen Menschen im Einklang mit der Natur möglich sind. Schreibt man die derzeitige Entwicklung urbaner Ballungszentren einfach fort, kommt es zu dramatischen Zuständen. Genau diese Probleme eröffnen aber auch Chancen. Innovative Lösungen sind gefragt und bieten Wachstumspotenzial für morgen.

Vom freien zum fairen Handel

- Eine Globalisierung ohne Regeln und Grenzen führt zurück in den Manchesterkapitalismus des 19. Jahrhunderts oder zu Verhältnissen wie in Indien, Bangladesch oder Afrika.

- Folgen der heutigen internationalen Rechtsordnung sind zum Beispiel weit verbreitete Kinderarbeit und eine fortschreitende Ausbeutung der Natur.

- Unternehmen und Politik müssen faire Wertschöpfungs- ketten etablieren, indem sie soziale und ökologische Mindeststandards umsetzen und die Mehrkosten auf sich nehmen.

- Labels für nachhaltig hergestellte Produkte wie Jeans, Bananen, Kaffee oder Kakao sind ein Zwischenschritt hin zu einer gerechteren Globalisierung.

- Der Verbraucher kann so besser entscheiden, was er kauft und was nicht. Idealerweise nur solche Güter, deren Herstellung Nachhaltigkeitsprinzipien genügt.

- Letztlich wird aber die Staatengemeinschaft auf der Ebene von Freihandelsabkommen und der Welthandelsordnung (WTO) zu besseren Regelungen finden müssen, die einer- seits nachhaltigkeitsfördernd sind und andererseits den aufholenden Staaten und ihren Menschen faire Chancen bieten.

VOR EINIGER ZEIT HABE ICH DEN HAMBURGER HAFEN BESUCHT. Ein einziges Containerschiff aus China kann heute 120 Millionen Paar Schuhe transportieren – im Mittel sind dies 1,5 Paar Schuhe für jeden Einwohner Deutschlands. Die Transportkosten pro Schuh liegen bei einem Bruchteil eines Eurocents. Schiffsdiesel wird nicht besteuert und ist ein äußerst schmutziger Treibstoff. Die Arbeitsbedingungen für die Mannschaft unter Deck sind miserabel. Für die europäische Schuhproduktion resultiert aus derartig gestalteten Wertschöpfungsketten extrem billige Konkurrenz. Wir freuen uns zwar, dass die Waren preiswert zu haben sind, müssen gleichzeitig aber Arbeitsplatzverluste bei uns in Kauf nehmen, weil Produktionsstätten ins Ausland verlegt werden.

Auch in der Textilwirtschaft hat sich in den vergangenen Jahrzehnten eine solche Verlagerung vollzogen. Kaum ein T-Shirt, ein Kleid, eine Hose, die heute noch in Deutschland produziert werden. Der Schwerpunkt der Textilwirtschaft liegt heute in China, Bangladesch oder Pakistan. Spätestens das verheerende Unglück in Bangladesch im Jahr 2013, bei dem das Geschäfts- und Fabrikgebäude Rana Plaza zusammenstürzte, hat der Welt vor Augen geführt, unter welchen brutalen Arbeitsbedingungen die Näherinnen dort beschäftigt sind. Bei einem Besuch des Landes konnte ich mir selber ein Bild davon machen: Bis zu 1000 Näherinnen in einer Halle, die bei schlechter Luft und schlechtem Licht zwölf Stunden am Tag und sechs Tage die Woche arbeiten und dafür 15 Cent in der Stunde bekommen. Von ihrem Lohn können die Frauen weder ihre Kinder zur Schule schicken noch Medikamente kaufen. Die Näherinnen arbeiten unter unsäglichen Bedingungen, ohne Arbeitsschutz und soziale Absicherung, und können mit ihrem dürftigen Lohn noch nicht einmal ihre Existenz sichern. Die andere Seite dieser Situation: Eine in Bangladesch produzierte Jeans verlässt die Fabrik für fünf Euro und wird in Hamburg oder München als Markenjeans für 100 Euro verkauft. Eine Verbesserung der Sozial- und auch der Umweltbedingungen in Asien bedeutet deshalb nicht, dass Textilien bei uns teurer werden müssen.

Auch deutsche Textilfirmen lassen unter derartigen Bedingungen produzieren. Ein Lichtblick ist das Bündnis für nachhaltige Textilien.

Etwa die Hälfte der Branche hat sich zusammengeschlossen, um die beschriebenen Zustände und Arbeitsbedingungen – angefangen auf dem Baumwollfeld bis hin zum Bügelbrett – zu ändern. Die Menschen in den Niedriglohnländern sollen für ihre Arbeit auskömmliche Löhne bekommen, und es sollen ökologische Mindeststandards bei der Produktion und Verarbeitung von Baumwolle und bei der Fertigung der Textilien in den asiatischen Ländern garantiert werden. Auf der Basis dieser Selbstverpflichtung wird sich vieles verändern. Viele Unternehmen haben sich mittlerweile bereit erklärt, Baumwolle aus zertifiziertem Anbau einzukaufen. Zudem gibt es in den Textilfabriken inzwischen vielfach soziale Mindeststandards, auskömmliche Löhne, einen ersten Ansatz von Kranken- und Unfallversicherung sowie eine Versorgung durch Ärzte und Apotheken.

Auch im Umweltschutzbereich haben die Fabriken derweil Mindeststandards nach europäischem Vorbild eingeführt. Das betrifft zum Beispiel Kläranlagen oder den Einsatz von Chemikalien.

Mit dem Textilbündnis ist bewiesen, dass globale Wertschöpfungsketten soziale und ökologische Mindeststandards garantieren können. Die Jeans, die ursprünglich für fünf Euro eingekauft wurde, kostet jetzt sechs oder sieben Euro. Somit beträgt die Handelsspanne bei einem Verkaufspreis von 100 Euro nicht 95, sondern 94 oder 93 Euro. Das muss es uns wert sein im fairen Umgang mit den Menschen, die für uns produzieren!

Mein Ziel im Textilbereich ist »Der grüne Knopf«. Dieses Meta-Siegel, das einfach und klar nachvollziehbar für die Verbraucher sein soll, zeigt an: Kaufe ich die Jeans oder das Kleid mit dem »grünen Knopf«, bin ich auf der fairen Seite.

Die Textilwirtschaft ist nur ein Beispiel für die vielen globalen Wertschöpfungsketten. Es ist eine große Aufgabe und Herausforderung, globale Wertschöpfungsketten über Kontinente hinweg zu zertifizieren und auf soziale und ökologische Mindeststandards zu verpflichten. Der entscheidende Ansatz ist und bleibt aber: Globalisierung gerecht zu gestalten, die Menschen, die am Anfang der Produktionsketten stehen, nicht zu Verlierern zu stempeln und Nachhaltigkeit zu garantieren. Ein Grund für die heute schwierigen Bedingungen des freien globalen Handels sind die globalen Regelwerke, die nicht kohärent aufeinander abgestimmt sind.

Keine Frage, Globalisierung, technische Innovationen, weltweite Zusammenarbeit und offene Märkte haben die Welt weitergebracht. Eine mächtige Kraft für diese Entwicklung ist die Idee der Freiheit. Im Bereich der Ökonomie sprechen wir dann vom »freien Handel«.

Was genau verstehen wir unter Freiheit? Freiheit für alle? Oder ist damit die Freiheit der Mächtigen gemeint, die anderen auszubeuten beziehungsweise zu versklaven? Was bedeutet freier Handel zwischen sehr unterschiedlichen Partnern? Muss Freiheit begrenzt werden, wenn ansonsten die Freiheit anderer bedroht ist? Bei uns gilt das Grundprinzip: Freiheit findet ihre Grenzen da, wo sie die Freiheit anderer bedroht.

Wer auf Arbeitslohn angewiesen ist, wer nur wenige Rohstoffe anzubieten hat, wer militärisch unterlegen ist, wer weniger weiß, wer keine wichtigen Hebel kontrolliert, der ist unter vermeintlich freien Regeln anderen ausgeliefert. Handel findet dann auch nicht mehr freiwillig statt. Für viele geht es um die nackte Existenz oder das Überleben ihrer Kinder. Die vorgegebene Freiheit ist dann nur noch eine scheinbare.

Aus diesem Grund wurde die Freiheit eingeschränkt, insbesondere die der Stärkeren. Denken wir nur an die Sozialgesetzgebung im 19. Jahrhundert und deren Weiterentwicklung zum modernen Sozialstaat. Oder an die Vereinten Nationen, die die Prinzipien der Menschenrechte verankert haben. Sklaverei ist nach der Menschenrechtskonvention verboten, Kinderarbeit und die Zerstörung der Umwelt sind es ebenso. Als Ziele aller Völker sollen die Menschenrechte durchgesetzt, Ozeane und Klima geschützt und soll eine nachhaltige Entwicklung erreicht werden.

Allerdings sind das häufig nur Worte. Denn rechtliche Ansprüche haben Menschen allenfalls gegenüber dem Staat, dessen Bürger sie sind. Und die Staaten sind souverän und handeln weitgehend nach eigenen Regeln – egal, welche internationalen Konventionen sie unterschrieben haben. Wenn in armen Ländern kein Geld für Schulen da ist, ist Kinderarbeit aus Sicht der Menschen dort immer noch eine bessere Lösung, als zu verhungern. Aus purer Not arbeiten weltweit Arbeiter in Fabriken, die allen international vereinbarten Bestimmungen des Arbeitsschutzes widersprechen, während sich die ökonomisch Starken dieser Länder nicht in der Pflicht sehen, das zu ändern. Sie sind international aufgestellt und vernetzt. Ein Zugriff auf ihre Vermögen ist in der Regel nicht möglich, nicht einmal dann, wenn große Finanzmittel illegal außer Landes geschafft und versteckt wurden.

Warum ist dies die heutige Situation? Wegen unterschiedlicher Interessenlagen konnte der Handel nicht innerhalb der Organisation der Vereinten Nationen, also der UN, geregelt werden, sondern nur außerhalb – in der für die Regelung von Handels- und Wirtschaftsbeziehungen zuständigen Welthandelsorganisation WTO. Gemäß WTO-Logik *können* aber nicht nur, sondern *müssen* sogar Güter gehandelt werden, die von Kindern unter sklavenartigen Bedingungen produziert werden. Der eigentliche Grund für den unerträglichen Zustand der weltweiten Ökonomie und des »freien Handels« ist, dass die globalen Regelwerke nicht kohärent aufeinander abgestimmt sind – und das wohl mit Überlegung und wissentlich. Genauer: Die drei großen internationalen Regulierungsregime, die der UN, der WTO und des Weltfinanzsystems, sind inkohärent und widersprechen sich in Teilen sogar. Diese Widersprüche machen es möglich, dass in Sonntagsreden in völligem Einklang mit der UN-Philosophie soziale und ökologische Anliegen eingefordert werden – und die Marktprozesse in der Praxis jedoch zum genauen Gegenteil führen. Man spricht von Politikinkohärenz. Kurz, in der heutigen internationalen Rechtsordnung gibt es zu viel falsche Freiheit und zu wenig Fairness.

Unter WTO-Bedingungen haben Staaten heute nicht das Recht, ihre Vorstellungen von ökologischen und sozialen Vorgaben für die Herstellung von Produkten in andere Länder zu exportieren. Deutschland darf Bangladesch zum Beispiel nicht vorschreiben, wie es seine Fabriken zu bauen oder seine Textilproduktion zu gestalten hat. Deutschland kann bezüglich Umweltschutz oder bei den Sozialstandards nicht einmal im eigenen Land substanzielle Veränderungen vornehmen, ohne sich vorher innerhalb der EU abgestimmt zu haben. Entsprechende Änderungen und Initiativen müssen auf EU-Ebene beschlossen werden. Und auf WTO-Ebene sind dafür langwierige internationale Verhandlungen notwendig, die aufgrund der großen Interessenunterschiede häufig genug zu keinem Ergebnis führen.

Beispielsweise ist vor dem WTO-Schiedsgericht vor einiger Zeit der amerikanische Versuch gescheitert, für den Fang von Thunfischen, die in den USA verkauft werden, Fangnetze mit »Notausgängen« für Delfine vorzuschreiben. Der Versuch scheiterte, weil gleiche Produkte, in diesem Fall die Thunfische für den Weltmarkt, gleich behandelt werden müssen, egal wie sie produziert wurden beziehungsweise wie die Netze aussehen, mit denen sie gefangen wurden. Aus demselben Grund können WTO-Mitgliedsstaaten nicht durchsetzen, dass für Systeme zur Erzeugung erneuerbarer Energie, die auf ihrem Boden installiert werden, ein bestimmter Anteil der Wertschöpfung im eigenen Land *(Local Content)* erfolgen soll. So erging es Provinzen in Kanada und Indien. Das »Wie« und »Wo« der Wertschöpfung spielt im Regelwerk der WTO keine Rolle, auch sklavenartige Kinderarbeit und Umweltzerstörung nicht, weil all dies im Endprodukt nicht mehr erkennbar ist.

Auf dem Weg zu fairem Handel ist also noch viel zu tun. Die zentrale Herausforderung sind adäquate, aufeinander abgestimmte internationale Regelwerke, kurz: eine funktionierende Global Governance. Je enger wir weltweit zusammenwachsen, je größer unsere sozialen und ökologischen Probleme werden, umso mehr müssen wir für die globalen ökonomischen Prozesse endlich angemessene Regeln finden. Regeln, die mit Nachhaltigkeit kompatibel sind, die externe Kosten unseres Wirtschaftens einpreisen, indem sie die ökologische und soziale Wahrheit sagen, die soziale Balance sichern, die Umwelt schützen und einen gefährlichen Klimawandel vermeiden.

Wenn das Ziel ein fairer Handel ist, kann er nur unter Bedingungen stattfinden, die die unterschiedlichen Voraussetzungen der Partner – sei es zum Beispiel in Deutschland und Bangladesch – angemessen berücksichtigen. Außerdem müssen die Regelwerke den Ansprüchen und Anliegen zukünftiger Generationen gerecht werden.

Ein wirklich fairer Handel ist letztlich nur in einer weltweiten ökologisch-sozial regulierten Wirtschaft möglich, in einer *green and inclusive economy*, wie sie heute von allen großen internationalen Organisationen vertreten wird. Ein solcher Ordnungsrahmen ist auf Freiheit und Eigentum gegründet. Wettbewerb findet dann innerhalb adäquater Rahmenbedingungen statt. Dadurch kommen die Interessen der Einzelnen zum Zug, zugleich werden aber auch das Gemeinwohl und die Kooperation gefördert. Dies ist sicher ein ambitioniertes Ziel, aber es ist der richtige Weg.

Unter Bedingungen der heutigen internationalen Rechtsordnung lässt sich all das nur bedingt durchsetzen – und häufig resultiert aus dem Marktgeschehen genau das Gegenteil dessen, was auf der Ebene der Worte beabsichtigt ist.

Das ist frustrierend, und doch können wir, kann jeder Einzelne sehr wohl sehr viel tun, wenn es darum geht, den Weg vom freien zum fairen Handel weiterzugehen. Die Europäische Union ist der größte Handelsraum der Welt. Der Konsument hat also großen Einfluss, denn die Hersteller orientieren sich stark an den Wünschen der Verbraucher. Schon heute achten viele Menschen beim Kauf ihrer T-Shirts, Jeans oder Lebensmittel darauf, dass die Produkte unter nachhaltigen und sozial verantwortbaren Bedingungen hergestellt worden sind, auch wenn sie, wie beispielsweise fair gehandelter Kaffee, ein paar Cent mehr kosten.

Dies ist der Punkt, an dem kritische Bürger ansetzen und Unternehmen in die Pflicht nehmen können. Ganz im Sinne der Unternehmensethik: Wenn der Ordnungsrahmen Defizite aufweist, fällt die Verantwortung an das Unternehmen und den Einzelnen zurück. Unternehmen geraten dann häufig unter moralischen Druck. So zum Beispiel dann, wenn sie in der Öffentlichkeit dafür kritisiert werden, dass die von ihnen verarbeiteten Rohstoffe unter menschenunwürdigen Bedingungen gewonnen wurden. Die Coltan-Minen in Kongo, die Ölförderung in Nigeria oder der Anbau von Kaffee und Kakao in

Westafrika sind nur wenige Beispiele, die zeigen, dass die Wertschöpfungsketten nicht fair ausgehandelt sind. Wenn heute noch zwei bis drei Millionen Kinder auf den Kakaoplantagen und Kaffeefeldern in Afrika für unsere Luxusprodukte arbeiten, ohne dafür einen Cent zu bekommen, de facto also Sklavenarbeit verrichten, dann ist das skandalös. Alle Unternehmen sind hier aufgefordert, internationale ökosoziale Mindeststandards zu beachten.

Viele Firmen nehmen diese Verantwortung schon jetzt ernst und manche gewinnen sogar einen Wettbewerbsvorteil daraus, dass sie ihre »grüne Seite« herausstellen. Aber auch der gute Wille von Unternehmen hat seine Grenzen, nämlich dort, wo ihr Engagement für Nachhaltigkeit in einen massiven Nachteil im Wettbewerb umschlägt. Anders gesagt, der Bewegungsspielraum eines Unternehmens in seinem Konkurrenzumfeld endet dort, wo ein funktionierendes Geschäftsmodell und Wettbewerbsfähigkeit nicht mehr gewährleistet sind. Standards müssen deshalb nicht nur in Deutschland und in der EU, sondern im gesamten Welthandel gelten.

Global gehandelte Produkte müssen auch global notwendige soziale und ökologische Mindeststandards erfüllen. Der freie Handel, die Macht großer multinationaler Konzerne darf diesen Grundansatz nicht aushebeln. Freiheit findet auch im Handel ihre Grenzen dort, wo sie die Freiheit, Würde und Lebensexistenz anderer bedroht und Natur und Umwelt zerstört.

Auch wenn die Umsetzung von ökologischen oder am Fair-Trade-Gedanken orientierten Gütesiegeln ihre klaren Grenzen hat – eine staatliche Kampagne nach dem Muster »Buy European« ist innerhalb der WTO zum Beispiel nicht möglich –, kann der Staat aber sehr wohl dazu beitragen, Gütesiegel vergleichbar zu machen und deren Qualität zu sichern. Wenn wir dies in Europa koordiniert tun würden, würde daraus eine große Kraft erwachsen. Außerdem würde es durch die Festlegung und Anerkennung sozialer und ökologischer Mindeststandards gelingen, aus sogenannten Freihandelsabkommen Fairhandelsabkommen zu machen. Europa kann und muss durch seine Marktmacht eine Vorreiterrolle übernehmen und weltweit Standards setzen. Hier muss die Politik handeln. Aber auch Konsumenten und Wähler sind wichtige Akteure. Sie sollten sich dafür entscheiden, nur faire und ökologisch einwandfreie Produkte und Dienstleistungen zu kaufen.

Freiheit betrifft immer auch die Freiheit der anderen. Gerade der Stärkere sollte denen, die sich in einer schwächeren Ausgangsposition befinden, Vorteile einräumen und so, anschaulich formuliert, ihr Handicap kompensieren.

Ein Beispiel: Deutschland setzt derzeit mit Nachdruck das deutsche Kaffee- und Kakaobündnis um – mit standardisierten Verträgen, über die gesamte Wertschöpfungskette hinweg: von den Plantagen in der Elfenbeinküste bis hin zu Tchibo in Bremen oder Hamburg. Der Einkaufspreis für ein Kilo Kakaobohnen aus Afrika beträgt etwa 50 Cent: Für die Arbeiter bleibt also nur ein Hungerlohn. Bei Kaffeebohnen ist es ähnlich. Auf den Kaffeeplantagen liegt der Tageslohn bei 30 Cent pro Arbeiter. In Europa dann wird ein Kilo Kaffee an der Ladentheke für zehn Euro verkauft. Auch hier muss es gelingen, dass die Menschen am Anfang der Produktionskette einen existenzsichernden Lohn erhalten, der es Eltern ermöglicht, ihre Kinder zur Schule zu schicken – statt auf die Plantage. Wertschöpfung mit fairen Löhnen und Preisen vor Ort ist der erfolgreichste Ansatz für Entwicklung.

Das deutsche Kaffee- und Kakaobündnis ist ein weiteres Beispiel dafür, dass faire, globale Wertschöpfungsketten möglich sind. Das wiederkehrende Argument, eine durchdachte Zertifizierung, globale Standards und Kontrolle seien nicht möglich, ist widerlegt. Der Erlös der Familien und Arbeiter auf den Kakaoplantagen am Verkauf einer 100-Gramm-Tafel Schokolade im Supermarkt liegt heute bei etwa vier Cent, was in etwa drei bis vier Prozent des Endverkaufspreises in Deutschland entspricht. Der geringe Anteil an der Wertschöpfung für die Menschen in den Kakaoplantagen kann und muss erhöht werden. Direkte Abnehmerverträge mit den Anbaufamilien können existenzsichernde Einkommen garantieren. Vom Kakaoanbau leben immerhin 40 bis 50 Millionen Familien. Es lohnt sich also, die Verhältnisse stabil und gerecht zu gestalten.

Ich bin mir sicher, dass schon in fünf Jahren nur noch fair gehandelter Kaffee und fair gehandelte Schokolade auf dem deutschen Markt zu bekommen sein werden. Damit helfen wir Millionen von Plantagenkindern aus der Armut, ermöglichen ihnen Schule und Zukunft. Verantwortlich leben und konsumieren kann viel Gutes bewirken und Entwicklungssprünge auslösen.

Hunger ist Mord

- Massenhafter Hunger ist der größte weltweite Skandal.

- Eine Welt ohne Hunger ist bis 2030 möglich. Dieses Ziel
  ist aber nur dann erreichbar, wenn alle mitwirken: einzelne
  Länder ebenso wie die internationale Gemeinschaft, Politik,
  Wirtschaft, Wissenschaft und Zivilgesellschaft.

- Hunger ist meist eine Folge von Armut. Hungerbekämpfung
  heißt deshalb immer auch Armutsbekämpfung.

- Wissen, Technologie und Know-how sind die entscheidenden
  Kräfte für eine ertragreiche Landwirtschaft.

- Neben der Energiewende braucht die Welt jetzt weltweit
  eine Agrarwende. Sie muss eine ressourcenschonende,
  klimafreundliche und menschengerechte Landwirtschaft
  zum Ziel haben.

DER UNHCR VERSORGT seit Anfang der 1990er-Jahre Flüchtlinge aus Somalia in Dadaab, Kenia. Mit 350 000 Flüchtlingen ist es der größte Zufluchtsort für Flüchtlinge und Menschen in Not, den es auf der Welt gibt. Das Leben in den Hütten ist trostlos: Hitze, Staub und Elend. Die Hälfte der Bewohner in Dadaab sind Kinder. Bei der Essensausgabe wird der Umfang des Oberarms gemessen. Ein Wert unter zehn Zentimetern bei Kindern bedeutet: lebensgefährlich unterernährt. Sie erhalten Spezialnahrung – soweit vorhanden.

Einmal pro Woche bekommen die Frauen ihre Lebensmittel zugeteilt. Sie stehen in langen Schlangen vor den Ausgabestellen. Dabei werden die Rationen abgewogen, auf das Gramm genau. Jede der Anstehenden bekommt genau so viel Reis, Hirse oder Öl wie die anderen. Als ich einer Frau einen zusätzlichen Löffel Öl gab, bekam ich einen strengen Hinweis der Hilfskräfte. Die Frau musste den Löffel Öl wieder zurückgeben. Kein Gramm mehr, als zum Überleben gerade reicht. Die UN-Hilfsrationen sind streng rationiert und dürfen höchstens 28 US-Dollar pro Monat und Kopf kosten.

Wenn die Frauen in Dadaab »Ich habe Hunger« sagen, meinen sie mit diesem Satz etwas völlig anderes als wir in Europa. Die Flüchtlinge haben erlebt, was echter Hunger bedeutet. Deshalb schauen sie sehr genau hin, wer wie viel hat. Die rigorose Gleichbehandlung hilft dabei, dass das Zusammenleben im Flüchtlingslager nicht aus den Fugen gerät. Wenn hingegen Menschen in entwickelten Ländern »Ich habe Hunger« sagen, meinen sie meist so etwas wie Appetit. Richtigen Hunger haben wir alle nicht mehr erlebt.

Die Welt ist schizophren. Vielleicht kann man das nirgendwo besser erkennen als beim Thema Essen und Lebensmittel. In den Industrieländern insgesamt gibt es etwa eine Milliarde Übergewichtige. Die meisten von ihnen wären gerne schlank. Auch in Schwellenländern, zum Beispiel in China, nimmt die Zahl der Übergewichtigen zu. Auch hier wären die meisten von ihnen gerne schlank. Ein Minister in Saudi-Arabien sagte mir einmal, eine der größten Herausforderungen des Landes sei Diabetes: Die Menschen nähmen immer mehr Coca-Cola und Chips zu sich – und verfetteten regelrecht.

Die Gründe für diese Entwicklung sind vielfältig. Körperliche Arbeit ist weitgehend abgeschafft, zur Arbeit gehen wir nicht mehr zu Fuß, sondern fahren mit dem Auto. In den Familien sitzen die Menschen seltener als früher gemeinsam am Tisch. Die Menschen essen mal hier und mal dort, oft zwischendurch, während sie gehen oder stehen – *fast food*. Trotzdem werden wir im Durchschnitt immer älter – der medizinische Fortschritt macht es möglich. In den ärmeren Ländern dagegen hält sich der Hunger. Aber auch er steht einem rasanten Wachstum der Bevölkerung nicht im Wege, wie man in Afrika sehen kann.

Zu den heutigen Absurditäten gehört auch, dass wir unglaubliche Mengen an Nahrung vernichten. In Deutschland sind es viele Millionen Tonnen jedes Jahr, die auf dem Müll landen. Etwa 20 Prozent der gekauften Lebensmittel werden nicht gegessen, sondern »entsorgt«. Wenn der (durchschnittliche) Bundesbürger jedes Jahr rund fünf Kilogramm Fleisch wegwirft, dann entspricht das insgesamt 35 Millionen Hühnern, vier Millionen Schweinen und 230 000 Rindern, die letztlich ohne Nutzen gefüttert und geschlachtet wurden.

Dramatisch wird es, wenn wir uns die weltweiten Zahlen anschauen. Von den derzeit fast acht Milliarden Menschen leiden mehr als 800 Millionen Menschen Hunger. Eine weitere Milliarde ist chronisch mangelernährt. Die Menge an Kalorien reicht zwar zum Überleben aus, aber dem Körper fehlen Proteine, Vitamine, Mineralstoffe und Spurenelemente. An den Folgen dieser Mangelerscheinungen sterben jedes Jahr fast drei Millionen Kinder. Mangelernährung ist das größte Gesundheitsrisiko weltweit – größer als AIDS, Malaria und Tuberkulose zusammen. Zwei Drittel der Betroffenen sind Frauen und Mädchen.

Was hinter den Zahlen steckt, können wir uns kaum vorstellen. Die folgenden Zeilen machen es, wenn auch kaum erträglich, deutlich: »Wenn ein Körper weniger zu sich nimmt, als er benötigt, braucht er zunächst seine Zucker-, dann die Fettreserven auf. Er bewegt sich weniger: Er wird träge. Er verliert an Gewicht und an Abwehrkraft: Sein Immunsystem ist zeitweilig geschwächt. Viren attackieren ihn und lösen Durchfallerkrankungen aus, die ihn vollends entkräften. Parasiten, gegen die sich der Körper nicht mehr wehren kann, siedeln sich im Mund an, das ist sehr schmerzhaft; Infektionen der Bronchien behindern die Atmung, auch sie sind sehr schmerzhaft. Am Ende büßt er auch den letzten Rest Muskelmasse ein: Er kann sich nicht mehr auf den Beinen halten, und bald schon kann er sich gar nicht mehr rühren; es schmerzt. Er kauert sich zusammen; die Haut legt sich in Falten und reißt; es schmerzt. Er weint still vor sich hin; reglos wartet er auf das Ende.«[1]

Das Welternährungsprogramm schätzt den Tagesbedarf eines Menschen auf durchschnittlich etwa 2100 Kilokalorien. Nimmt er weniger als 1400 Kilokalorien zu sich, spricht man von extremer Unterernährung und chronischem Hunger. Es geht aber, wie bereits erwähnt, nicht nur um das Wieviel, sondern auch um das Was. Einseitige Ernährung, mangelnde Vitamine oder Spurenelemente schädigen bereits das Leben des ungeborenen Kindes im Mutterleib. Vitamin-A-Mangel ist der Grund dafür, dass 140 Millionen Kinder auf der Welt erblindet sind. Die ersten 1000 Tage im Leben eines Menschen, vom ersten Tag der Empfängnis an, sind besonders wichtig für seine körperliche und geistige Entwicklung.

Heute produzieren wir in einer globalisierten Landwirtschaft genügend Nahrungsmittel, um zehn Milliarden Menschen zu ernähren. Mit vegetarischer Ernährungsweise könnten es sogar 13 Milliarden sein. Dahinter steht eine Geschichte großartiger Innovationen – von der Erfindung des Pflugs, der künstlichen Bewässerung und der Drei-Felder-Wirtschaft über die grüne Landwirtschaftsrevolution mit Maschinen, Pestiziden und Kunstdüngung bis hin zur computergestützten Präzisionslandwirtschaft. Heute ist möglich, was früher undenkbar war.

Etwa die Hälfte der heute produzierten Biomasse geht allerdings als Futter an Nutztiere, ein anderer Teil in erneuerbare Energie, während die Ärmsten auf diesem Globus weiter hungern. Das Lebendgewicht aller Hausrinder allein – ohne Schweine, Schafe oder Ziegen –

---

1 Martín Caparrós: *Der Hunger*. Berlin 2015, S. 22.

übertrifft heute das der fast acht Milliarden Menschen auf der Erde um etwa das Zweifache.

Für diejenigen, die es sich leisten können, bedeutet dies einen großen Fortschritt. Der Veredelungsprozess je nach Tierart erfordert große Mengen an Biomasse. Wenn man sich vor allem von Filetsteaks ernährt, braucht man (indirekt) zwölfmal mehr pflanzliche Biomasse als bei vegetarischer Ernährung.

Mittlerweile lassen wir darüber hinaus einen weiteren hohen Anteil der produzierten Biomasse in »Bio-Energie« fließen. Die USA nutzen inzwischen große Teile ihrer Mais- und Weizenernte dafür. Zwei Tankfüllungen Biosprit erfordern so viel Korn, wie ein Mensch in Afrika benötigt, um ein Jahr zu überleben.

Die Menschheit ist in der Lage, Biomasse zu produzieren und zu veredeln, aber nur dann, wenn es dafür ausreichend Kaufkraft gibt. Dorthin geht die Biomasse, dem Preismechanismus folgend. Der Kern des Hungerproblems besteht also darin, dass die Kaufkraft bei einem großen Teil der Menschen nicht ausreicht, um sich mit der benötigten Nahrung zu versorgen. Deshalb essen die einen Steaks, und die anderen verhungern – in einer Welt des Überflusses.

Armut war schon immer ein entscheidender Grund für den Hunger. Ein Beispiel sind die großen Hungersnöte in Irland während des 19. Jahrhunderts. Selbst in Krisenjahren gab es in Irland genügend Nahrungsmittel, um die gesamte irische Bevölkerung zu ernähren. Das Problem bestand aber darin, dass aufgrund schlechter Erntesituationen viele Tagelöhner, die sonst als Erntehelfer ihr Auskommen fanden, keine Chance hatten, ihren Lebensunterhalt zu verdienen. Die Bauern und Landbesitzer hingegen mussten weiter ihre Pacht oder ihre Schulden (ab)zahlen und verkauften deshalb Teile ihrer Ernte nach England, wo ein großer Bedarf an Nahrungsmitteln bestand und ausreichend Kaufkraft vorhanden war, um irische »Überschüsse« zu erwerben. Viele Iren gingen in der Folge leer aus und hungerten.

Heute leben die meisten Hungernden in Süd- und Südostasien, in Indien und in Afrika. In Afrika, südlich der Sahara, hungert fast jeder vierte Mensch. Hungernde leben weit überwiegend auf dem Land, dort, wo die Nahrungsmittel angebaut werden. Was sie ihren oft viel zu kleinen Flächen abringen, ist zum Leben zu wenig und zum Sterben zu viel. Einen Teil der Ernten geben sie ihren Tieren, die sie für die Arbeit benötigen. Um gesunde Lebensmittel zuzukaufen, fehlt ihnen das Geld.

»Hunger ist Mord«, sagte bereits Mahatma Gandhi, damals mit Blick auf die ländlichen Regionen in den Entwicklungsländern. Gandhi hatte recht. Wir haben das Wissen und das Können, um alle Menschen satt zu machen. Es ist genug für alle da. Kein Mensch muss hungern und schon gar nicht verhungern. Die Vereinten Nationen haben geschätzt, wie viel eine Welt ohne Hunger pro Jahr kosten würde: Es sind rund 400 Milliarden Euro, eine Summe, die dreimal dem Budget der internationalen Entwicklungshilfe entspricht und weniger als 0,5 Prozent der Weltwirtschaftsleistung. Eine Welt ohne Hunger ist möglich. Deutschland kann seinen Teil dazu beitragen, indem es sich für eine gerechte Globalisierungsgestaltung einsetzt, die mehr Arbeitsplätze und die Erzeugung von mehr Kaufkraft in armen Ländern beinhaltet – oder mehr Transfers.

Natürlich ergibt es keinen Sinn, die Hände in den Schoß zu legen und auf eine Welt ohne Hunger zu warten. Hier und heute gibt es eine Menge zu tun. Die Entwicklung der vergangenen Jahrzehnte macht durchaus Hoffnung. Bis in die 1960er-Jahre gab es immer wieder Hungersnöte mit Millionen Toten. Gründe waren vor allem koloniale Ausbeutung, Krieg und Zwangskollektivierung. Diese Zeiten sind glücklicherweise vorbei. Der Anteil der Hungernden an der Weltbevölkerung ist gesunken, von 23 Prozent Anfang der 1990er-Jahre bis auf 13 Prozent heute. Das beste Beispiel einer positiven Entwicklung ist China. Noch nie in der Geschichte haben so viele Menschen in so kurzer Zeit den Weg aus dem Hunger geschafft. Das Land hat einen Plan, die Landwirtschaft ist ehrgeizig und innovationsfreudig. Die allgemeine Wirtschaftsentwicklung schafft Arbeit und Einkommen. Aber die erwähnten 13 Prozent Hungernden entsprechen heute trotzdem der erschreckend hohen Zahl von 800 Millionen Menschen – der größte anzunehmende Skandal. Weil das Problem heute lösbar ist!

Viel zu lange wurde das Schicksal des ländlichen Raums ignoriert. Hier liegen die Kornkammern der Welt. Kleinbauern bewirtschaften etwa die Hälfte der weltweiten Ackerflächen – in den meisten Fällen allerdings wenig effektiv. Ein Beispiel ist Burkina Faso in Westafrika. In dem Land leben 80 Prozent der Menschen von der Landwirtschaft, meist in Subsistenzwirtschaft. Derzeit wird die Hälfte des in Burkina Faso benötigten Reises importiert. Dabei könnte das Land sich selber ernähren.

Das zeigt die Dreyer Stiftung aus München. Es ist großartig, was Jenny und Gisbert Dreyer während der vergangenen Jahrzehnte in Dano, im Südwesten von Burkina Faso, geleistet haben. Auf dem Weg nach Dano sind wir 50 Kilometer durch Hitze und Staub gefahren, als plötzlich ein Paradies mitten in der Wüste erschien.

Vieles haben die Menschen hier einem Staudamm zu verdanken, den sie mit eigenen Händen gebaut haben, aber nicht aus Beton, sondern aus Lehm. Als ich im Februar 2017 dort war, vier Monate nach dem letzten Regen, hatte das Rückhaltebecken immer noch genügend Wasser. Von dort aus fließt es kontrolliert in die Anbauflächen, auf denen man dreimal im Jahr ernten kann.

Jede der 3000 Bauernfamilien hier ist im Besitz von etwa einem drittel Hektar Land. Sie bauen Reis an, aber auch Gemüse und Obst. »Kann man denn von so wenig Land überhaupt leben?«, frage ich. Gisbert Dreyer antwortet: »Das hier sind die reichsten Bauern im Land.« Mithilfe der Stiftung haben sie in Dano eine durchgängige Wertschöpfungskette entwickelt: von der Produktion über die Verarbeitung in einer kleinen Manufaktur bis zur Vermarktung. Die Kooperative folgt einem Modell, das in Deutschland von Friedrich Wilhelm Raiffeisen geprägt wurde. Durch die Genossenschaft der Bauern in der Produktion, den gemeinschaftlichen Einkauf von Dünger, durch feste Lieferverträge, gemeinsame Verarbeitung und ebensolchen Verkauf haben die Bauern ein stabiles Einkommen. Dreyer berichtet, dass es vor 20 Jahren in Dano weder Licht noch Strom gegeben habe. Noch nicht einmal eine mit Eisen beschlagene Hacke. Heute gibt es Schulen für mehrere Tausend Kinder. Aber das Angebot reicht bei Weitem nicht. Die Schulplätze müssen verlost werden. Die Kinder sind begeistert, lernwillig und bringen das Wissen mit nach Hause in ihre Lehmhütten.

Die Familie Dreyer hat auf ihre Weise gezeigt, dass man die Probleme mit Wissen lösen und die Wüste grün machen kann. Auch im ländlichen Raum, bei den Kleinbauern, den Landlosen, den Hirten, entscheidet sich die Zukunft der Menschheit. Inzwischen hat die deutsche Entwicklungspolitik den ländlichen Raum zu einem ihrer Schwerpunkte gemacht. Unter der Sonderinitiative »EINEWELT ohne Hunger« haben wir alle Aktivitäten dieses Themenbereichs gebündelt und mit zusätzlichen Mitteln ausgestattet. Jährlich geben wir 1,5 Milliarden Euro für ländliche Entwicklung und Ernährungssicherheit aus. Dabei konzentrieren wir uns auf Partnerländer in Asien und Afrika. Vor 50 Jahren hat Afrika noch Nahrungsmittel exportiert, wobei der Kontinent damals allerdings deutlich weniger Bewohner hatte. Heute zahlt Afrika jährlich 35 Milliarden Euro für Nahrungsimporte. Ein Ziel muss es sein, dass Afrika sich wieder selber ernähren kann! Und das auch bei einer rasch wachsenden Bevölkerung.

Eine umfassende Entwicklung des ländlichen Raums muss politische Priorität haben. Letztlich muss der Strukturwandel von Millionen einzelnen Menschen kommen, von Kleinbauern, Lebensmittelverarbeitern und Händlern. Der Staat muss mit seinem Regelwerk die entscheidenden Investitionsanreize setzen. Dazu zählen etwa stabile Finanzstrukturen, eine zielführende Berufsausbildung sowie Zugang zu Landrechten auch und gerade für Frauen. Dass konsequentes politisches Handeln zu Erfolgen führt, zeigen weltweit Länder wie Ghana, Ruanda, Äthiopien, Kambodscha und Brasilien. Sie haben bereits beachtliche Fortschritte im Kampf gegen den Hunger erzielt.

Zugleich brauchen wir auch multilaterale Aktivitäten, wie etwa mit das globale Programm für Landwirtschaft und Ernährungssicherheit der Weltbank. Wir brauchen mehr Kohärenz über die Politikfelder hinweg, national wie international. Auch benötigen wir funktionierende Agrarmärkte. Studien zeigen, dass im Krisenjahr 2008 die Mais- und Weizenpreise um 20 bis 30 Prozent gestiegen sind, und zwar durch exzessive Spekulation. Hier gilt es, gegenzusteuern.

Die Herausforderungen werden dabei in Zukunft nicht geringer, im Gegenteil. Weltweit müssen heute doppelt so viele Menschen ernährt werden wie noch vor 50 Jahren. Bis 2050 benötigt die Menschheit 60 Prozent mehr Erträge. Zugleich wird jedes Jahr fruchtbarer Boden vernichtet. Der Klimawandel verstärkt den Druck noch einmal. Die einen werfen Lebensmittel achtlos weg. Bei anderen geht ein Drittel der Ernte verloren.

Um die Landwirtschaft ertragreicher und nachhaltiger zu gestalten, benötigen wir einen umfassenden, ganzheitlichen Ansatz. Um mehr Wertschöpfung in Partnerländern zu erreichen, ist Wissen vor Ort die entscheidende Kraft. Das Wichtigste, was wir beisteuern können, ist Know-how. Ja, wir brauchen eine produktivere Landwirtschaft, aber nicht nur nach dem Prinzip mehr Fläche, mehr Wasser, mehr Dünger, sondern mehr Wissen und mehr Innovationen, technische, organisatorische und politische. An die Wüste verlorene Flächen müssen zurückgewonnen und großflächig restauriert werden. Dabei wollen wir eine Verbesserung »von unten« mit den Menschen vor Ort, den Subsistenzbauern, keine grüne Revolution »von außen«; es geht darum, vorhandene Potenziale zu entwickeln und den Menschen vor Ort unmittelbar zu helfen.

Eine Verdreifachung der landwirtschaftlichen Erträge ist in vielen sich entwickelnden Ländern möglich – durch Nutzung vorhandener Potenziale und ohne Gentechnik. In 13 afrikanischen Ländern und in Indien zeigen wir in Grünen Innovationszentren Möglichkeiten zu Verbesserungen in den Bereichen Saatgut, Erntemethoden, Bewässerung, Bodenschutz, Lagerung, Verarbeitung, Kühlung, Transport und Vermarktung. Wir helfen dabei, regionale Märkte zu etablieren, und treiben die Digitalisierung voran.

Ein weiteres Beispiel ist das Innovationszentrum am Landwirtschafts-College in Bukura, Kenia. Hier geht es nicht nur um verbesserte Anbaumethoden der Süßkartoffel, sondern auch um ihre Weiterverarbeitung zu Mehl und Brot und damit um mehr Einkommen für Familienbetriebe. Um mehr Arbeitsplätze, um gesunde, nämlich betacarotinreiche Ernährung.

Hunger ist weiblich. Unser Engagement richtet sich deshalb gezielt an den Verletzlichsten aus. Denn 70 Prozent aller Hungernden sind Frauen und Kinder, vor allem Mädchen. Weil die ersten 1000 Tage im Leben eines Menschen so besonders wichtig für seine Entwicklung sind, zielen unsere Programme vor allem auf Mütter und Kinder. Zum Beispiel mit Stillberatung, Kochkursen, Hilfe bei der Anlage von Gemüsegärten. In Malawi etwa lernen Frauen, was es neben traditionellem Maisbrei noch an nährstoffreichen Gerichten gibt. In Indien schafft die neue Technologie der Smartcard für die Ärmsten Zugang zur Nahrungsmittelverteilung.

Was Familien in ländlichen Regionen im Hinblick auf Ernährung (und viele weitere Aspekte) vor allem brauchen, sind Bildungs- und Gesundheitseinrichtungen, Straßen zur Anbindung an Märkte, eine Stromversorgung zur Kühlung, Trocknung und Verarbeitung von Feldfrüchten sowie gegebenenfalls die Bereitstellung von Wasser. Es geht insbesondere darum, die kleinbäuerliche Landwirtschaft zu stärken. Nur dann kann extreme Armut überwunden werden, nur dann bleiben junge Leute, nur dann gibt es eine Zukunft auf dem Land – und damit auch für die Städte!

Wenn wir nicht nur heute, sondern auch morgen eine zuverlässige Ernährungssituation haben wollen, müssen wir dem Schutz natürlicher Ressourcen Priorität einräumen. Es sind nun einmal die entscheidenden 30 Zentimeter Humus auf der Oberfläche unseres Planeten und die Flüsse, Seen und Ozeane, von denen wir Menschen abhängig sind, weil wir von ihnen leben. In den vergangenen 25 Jahren ist ein Viertel aller landwirtschaftlichen Böden degradiert. Die Landwirtschaft ist heute für 70 Prozent des weltweiten Wasserbrauchs verantwortlich. Und für 80 Prozent der Entwaldung. So vernichtet die Landwirtschaft ihre eigenen Grundlagen. Viele Kriege der Zukunft werden mit einiger Wahrscheinlichkeit um Wasser und Anbauflächen geführt werden, wenn die Welt nicht massiv gegensteuert. Denn Fläche und insbesondere landwirtschaftlich nutzbare Flächen sind nun einmal begrenzt. Es genügt ein Blick auf einen Globus, um dies zu verstehen.

Die Devise unseres Handelns muss also lauten, mit weniger Ressourcen mehr zu produzieren. Wir wollen zeigen, dass das geht, auch unter schwierigen klimatischen Bedingungen. Wir rehabilitieren derzeit 200 000 Hektar Boden in Äthiopien, Benin, Burkina Faso, Kenia und Indien. Es gibt schon einige positive Beispiele, die zeigen, was an immer mehr Stellen passieren muss. Lösungen und Konzepte sind vorhanden – sie müssen nur umgesetzt werden.

Nicht zuletzt braucht eine Welt ohne Hunger sichere Landrechte. Das ist eine Frage der Gerechtigkeit – und eine elementare Voraussetzung für Fortschritt. Kleinbauern tätigen 70 Prozent aller Investitionen in der Landwirtschaft. Aber wer investiert, wenn ihm das Land einfach weggenommen zu werden droht? Deshalb unterstützen wir weltweit Partner, die den politischen Willen haben, dieses »heiße Eisen« anzugehen. So bilden wir beispielsweise gemeinsam mit der Afrikanischen Union Landrechtsexperten aus.

In Äthiopien habe ich in unmittelbarem Nebeneinander das Mittelalter und das 21. Jahrhundert gesehen. Auf der einen Seite der Bauer, der mit seiner Frau in einer Lehmhütte wohnt und seinen Acker mit einem Holzpflug bestellt. Nur wenige Kilometer entfernt betreiben Chinesen und Niederländer hochproduktive Farmen, die mit satellitengesteuerten Traktoren und modernster Produktionstechnik ausgestattet sind. Daran sieht man, wie viel Potenzial in Afrika vorhanden ist, wie viel man mit einer Entwicklung erreichen kann, die an den vorhandenen Bedingungen und Kulturen der Menschen ansetzt. Man sieht aber auch die Gefahren des *land grabbing*. Der Bevölkerungsdruck in China, aber auch in wasserarmen arabischen Ländern sorgt dafür, dass in Afrika Millionen Hektar Boden von korrupten Eliten an zahlungskräftige ausländische Investoren verkauft werden. Die Landnahme zielt häufig auf Flächen mit einem guten Wasserangebot, die in dicht besiedelten Gebieten liegen und bereits landwirtschaftlich genutzt werden. Die ansässige Bevölkerung hat in der Regel nichts von solchen Investitionen. Oft wird sie einfach vertrieben.

Die Dinge sind also nicht einfach, alles hängt mit allem zusammen. Deshalb sollten wir alle Kräfte für die notwendigen Veränderungen mobilisieren, in den betroffenen Ländern und in der internationalen Gemeinschaft, in Politik und Zivilgesellschaft, nicht zu vergessen in der Wissenschaft. Ich bin mir sicher, dass eine Welt ohne Hunger möglich ist. Wir müssen sie allerdings wollen und entschlossen in diese Richtung handeln, statt zu lamentieren und auf andere zu verweisen.

Bildung als Schlüsselfrage

- Bildung ist der Schlüssel für die Entwicklung jedes Einzelnen und zugleich eine wichtige Grundlage für gesellschaftliche und wirtschaftliche Entwicklung. Eine entscheidende Ressource eines jeden Landes sind seine Menschen.

- Erst der europäische Bildungsaufbruch hat Aufklärung, wissenschaftlich-technischen Fortschritt und Industrialisierung möglich gemacht. Dabei haben die europäischen Kolonialherren sehr darauf geachtet, dass vor allem sie und ihre Kinder Zugang zu Wissen hatten, weniger die Einheimischen in den Kolonien.

- Die hohe Jugendarbeitslosigkeit in vielen Entwicklungsländern macht dort eine Bildungs- und Ausbildungsrevolution erforderlich. Ohne Ausbildung wird es keine qualifizierten Arbeitskräfte, keine Investoren und keine Steuereinnahmen geben.

- Zugleich müssen auskömmliche Arbeitsplätze für die Menschen geschaffen werden – sonst fördert Bildung den Frust und bringt keinen Nutzen.

- Eine solide Grundbildung für Mädchen und Frauen ist der entscheidende Hebel – so die Erfahrung aus vielen Entwicklungsländern –, um langfristig die Geburtenzahlen zu senken.

- Die Digitalisierung eröffnet die Chance auf eine Bildungsrevolution von unten. Die Motivation und der Leistungswille junger Menschen in den Entwicklungsländern sind beeindruckend.

ALS LEHRER UND PÄDAGOGE HABE ICH GELERNT, jeden Menschen ernst zu nehmen und zu akzeptieren. Ein guter Lehrer versteht seine Schüler, er versucht, ihre jeweiligen Entwicklungsphasen zu begreifen und sie entsprechend zu fördern. Die Brücke zur Entwicklungszusammenarbeit besteht für mich darin, dass ich auf die Potenziale der jungen Menschen setze. Daraus speist sich meine Hoffnung. Jedes Kind, ob es nun aus dem Sudan, aus Äthiopien oder aus Deutschland kommt, hat besondere Fähigkeiten.

Alle diese Potenziale werden gebraucht. Denn wir stehen vor enormen Herausforderungen. Ohne Bildung und ohne Technologie sind die heutigen Probleme – wachsende Weltbevölkerung, ein sich verschärfender Klimawandel, Bedrohung der Trinkwasserreserven, Vermüllung und Überfischung der Ozeane etc. – nicht zu lösen. Weltweit gibt es aber noch immer 800 Millionen Analphabeten. Fast zwei Drittel von ihnen sind Frauen. Es fehlen ihnen grundlegende Voraussetzungen, um ein selbstbestimmtes Leben zu führen.

Der Schlüssel für die Entwicklung jedes Einzelnen liegt in der Bildung. Bildung findet immer im sozialen Umfeld statt, in der Familie, in der Nachbarschaft, im gesamten Dorf. Die Grundlagen der allgemeinen Bildung sind Lesen, Schreiben und Rechnen, darauf baut die berufliche Ausbildung oder ein Studium auf. Dabei ist mir eine ganzheitliche Bildung besonders wichtig – die Einheit von Kopf, Herz und Hand. Es geht also um die Förderung der intellektuellen, der emotionalen sowie der praktischen Fähigkeiten.

Wir leben in einer Zeit, in der die Bewertung des kognitiven Anteils unserer Fähigkeiten die Überhand gewonnen hat. Zu Unrecht, wie ich finde. »Herzensbildung« ist die Grundlage schlechthin für Kommunikation und Miteinander. Das betrifft den Umgang untereinander in der Familie und in der Gesellschaft. Aber auch wer eine Firma führen will, sollte seine Mitarbeiter verstehen, gerade emotional. Der praktisch-handwerkliche Anteil kommt heute vielfach zu kurz. Auch und gerade in den Entwicklungsländern sehen wir einen Trend hin zur universitären Ausbildung. Damit haben die jungen Absolventen in Afrika oder Indien aber nur wenig Aussicht auf einen Arbeitsplatz, während in vielen handwerklichen Bereichen kompetente Arbeitskräfte und junge Unternehmer fehlen.

Ich denke zum Beispiel an ein deutsches Unternehmen in Kenia, das ich jüngst besucht habe. Die Firma Krones bildet junge Kenianer zum Mechatroniker aus, Jungen und Mädchen. Bei der Übergabe der Abschlusszeugnisse habe ich mit einer jungen Frau gesprochen. Sie kommt aus einer Familie mit sechs Geschwistern. Diese jungen Menschen sind bis in die Fingerspitzen motiviert. Das sagen sie selber, das bestätigt aber auch der deutsche Betriebsleiter. Er meint, dass die Kenianer deutlich engagierter seien als deutsche Berufsschüler. Diese jungen Leute wissen, dass die Chance auf eine Ausbildung zum Mechatroniker wie ein Lottogewinn ist. Mit den Fähigkeiten, die sie erlernen, bekommen sie in Kenia garantiert einen Arbeitsplatz. Und zwar überall dort, wo es um die Wartung von technischem Gerät geht, sei es bei Produktionsanlagen, in Automobilwerkstätten oder bei der allgemeinen Wasserversorgung. Ein fester Job mit einem guten Einkommen, das ist in einem Land, in dem jeder zweite Jugendliche arbeitslos ist, ein hervorragender Start ins Leben.

Gerade in Kenia, aber auch in anderen Teilen Afrikas erlebe ich es immer wieder, dass das Handwerk einen schlechten Ruf hat. Das gilt auch für die Handarbeit auf dem Feld. »Wer Bauer ist, kann nicht ganz richtig sein im Kopf – selber schuld!« So hört man es, so lautet das Vorurteil. Wer nach vorne will, geht in die Stadt, weg vom elterlichen Hof. Ich bin davon überzeugt, dass das ein Irrglaube ist. Wir brauchen eher weniger Mundwerker und dafür mehr Handwerker.

Die Afrikanische Union startet mit deutscher Unterstützung eine »Ausbildungsinitiative für Afrika« und beginnt damit in Kenia, Tunesien, Nigeria, Kamerun und Südafrika. Gemeinsam mit deutschen und kenianischen Unternehmen und Verbänden wird die deutsche Entwicklungspolitik über die nächsten Jahre Tausende junge Menschen beruflich aus- und fortbilden (vocational training). Zu diesem Zweck bringen wir das deutsche duale System zur Berufsausbildung nach Afrika, gemeinsam mit Firmen wie VW, Bosch oder Siemens. Dabei werden die Inhalte natürlich angepasst. Wir unterstützen bei der Erstellung von Lehrplänen und Unterrichtsmaterialien und tragen so zu einem Bildungsaufbruch in Afrika bei.

Bildung und berufliche Ausbildung sind die Basis für Lebenserfolg und Entwicklung. Für den Einzelnen hat Bildung etwas Schicksalhaftes. Das sieht man bei vielen Mädchen im muslimischen Kulturraum. In Pakistan zum Beispiel haben zwei Drittel der Mädchen keine abgeschlossene Schulausbildung und 45 Prozent überhaupt keine Grundbildung. Islamisten tun hier alles, um den allgemeinen Zugang zu Schulen zu blockieren. Einen Extremfall stellt in diesem Zusammenhang die Terrormiliz Boko Haram im Norden Nigerias dar. Sie trägt ihr Programm im Namen: Boko Haram bedeutet wörtlich übersetzt »Bücher sind Sünde«. Ihre Ablehnung, mit westlicher Bildung in Berührung zu kommen, setzen sie mit aller Gewalt und Brutalität durch. Zu sehen an der barbarischen Entführung von Mädchen und jungen Frauen, durch die den Islamisten die Aufmerksamkeit der internationalen Medien sicher war.

Was auch den Islamisten bekannt sein dürfte: Mädchen den Schulbesuch zu ermöglichen, ist der beste Weg, ihr Selbstvertrauen zu stärken und sie aus unfreiwilliger Abhängigkeit von Mann und Familie zu lösen. Die Schule hilft bei der Befreiung aus der Unterdrückung, und dabei spielt die sexuelle Unterdrückung eine besondere Rolle. Frauen, die über Schulbildung und eine Ausbildung verfügen, haben es leichter, sich eine eigene Existenz aufzubauen. Der Zugang zu Wissen ermöglicht es ihnen, auf Augenhöhe mit Männern zu agieren. Damit haben Frauen ganz andere Chancen und Möglichkeiten, ihr Leben selbstbestimmt zu gestalten. Den Ansatz der schulischen Förderung von Frauen und Mädchen verfolgt auch die junge pakistanische Friedensnobelpreisträgerin Malala Yousafzai.

Schauen wir in die deutsche Geschichte, so ist es vor allem Luthers Verdienst, eine gemeinsame Sprache und eine Schule für alle auf den Weg gebracht zu haben – für Jungen *und* Mädchen. Lesen und Schreiben sollten sie lernen, so wollte es der Reformator. Sie sollten die Bibel lesen können, dazu Sprachen lernen, Geschichte, Mathematik und Musik – eine solide Grundausbildung, würden wir heute sagen. Luther war der Ansicht, dass das Wissen im Elternhaus häufig nicht ausreichte, um den jungen Menschen einen adäquaten Zugang zur Welt zu ermöglichen. Seiner Ansicht nach brauchte es dafür ein professionelles Umfeld – die Schule. Mit der Erfindung der Druckerpresse und dem Anspruch der Reformation, jeder Gläubige solle seinen persönlichen Zugang zur Heiligen Schrift finden, begann die Demokratisierung des Wissens.

Bis ins Mittelalter hinein fand das Lernen der meisten Kinder nämlich im Alltag statt – im Haushalt, in der Werkstatt, auf dem Feld. Ihre Arbeitskraft wurde gebraucht. Bildung in unserem heutigen Sinne war bis weit ins europäische Mittelalter hinein nur einer kleinen gesellschaftlichen Schicht vorbehalten: dem Klerus, der höfischen Beamtenschaft und Kaufleuten in den Städten. Auch in anderen Kulturen, der chinesischen und arabischen, waren Wissen und Bildung lange das Privileg einer Minderheit. Der Umgang mit Schrift, die Fähigkeit, zu lesen und zu schreiben, ist dem Großteil der Menschen über weite Strecken der Geschichte vorenthalten geblieben. Sich das vor Augen zu führen, vermittelt ein Gefühl für den kulturellen Reichtum, der uns mittlerweile zur Verfügung steht. Vieles, was wir heute als selbstverständlich erachten, ist das Ergebnis eines zähen historischen Ringens.

Insofern war es eine großartige zivilisatorische Leistung, dass es in Europa gelungen ist, Mädchen und Jungen über alle Schichten hinweg einen Freiraum jenseits der Arbeitswelt zu eröffnen, einen Ort, wo sie lernen und sich entfalten konnten. Das Recht auf eine umfassende Bildung ist heute durch die staatlich durchgesetzte Schulpflicht garantiert – für alle Kinder, unabhängig von Herkunft und Einkommen.

Die Geschichte zeigt, dass breite Bildung und Ausbildung der gesamten Bevölkerung ein einzigartiges Erfolgsrezept ist. Erst der europäische Bildungsaufbruch hat die Aufklärung, den wissenschaftlich-technischen Fortschritt und die Industrialisierung ermöglicht und eine lang anhaltende Vorherrschaft des Westens gesichert. Bis in die 1960er-Jahre hinein haben die Vertreter der Kolonialmächte darauf geachtet, dass dieser Zugang zu Wissen ein weitgehend exklusives Vorrecht für sie und ihre Kinder blieb. Nur eine ausgewählte lokale Elite, die sie für die Übernahme wichtiger Funktionen benötigten, kam in den Genuss einer Ausbildung. Wie etwa Mahatma Gandhi, der spätere Anführer der indischen Unabhängigkeitsbewegung, der von Beruf Rechtsanwalt war und lange Zeit in Südafrika gearbeitet und Großbritannien besucht hat.

Menschen zu unterdrücken und auszubeuten fällt leichter, wenn sie weder lesen noch schreiben können und keine Chance haben, sich aus der Abhängigkeit zu befreien. Gerade in Afrika wirkt das verhängnisvolle koloniale Erbe bis heute nach. Schule und Bildung für viele gibt es dort erst seit zwei Generationen und noch längst nicht überall. Aber es geht voran.

Irgendwann entdeckte man die Kraft der Bildung der breiten Massen auch in Asien und integrierte sie in die eigene Kultur, während zuvor Bildung und westliche Kultur lange als Synonyme gegolten hatten. Den Anfang machte Japan in der zweiten Hälfte des 19. Jahrhunderts. Das spektakulärste Beispiel ist vielleicht Singapur. Lange Zeit lebten auf der Inselgruppe an der Südspitze der Malaiischen Halbinsel nur eine Handvoll Fischer, Händler und Piraten. Anfang der 1950er-Jahre war die Stadt noch ein malariaverseuchter Kolonialstützpunkt der Briten. Heute ist Singapur eine globale Finanz- und Wirtschaftsmetropole mit dem zweitgrößten Hafen der Welt. Der Stadtstaat hat einen besseren Bildungsstand und ein höheres Pro-Kopf-Einkommen als Deutschland.

Anhand der Entwicklung Singapurs ist auch der Zusammenhang von Bildung und demografischer Entwicklung gut nachvollziehbar. Vor 50 Jahren bekamen Frauen dort noch sechs oder sieben Kinder, heute ist die Ein-Kind-Familie der Normalfall. Besonders aufschlussreich ist auch die gegensätzliche Entwicklung von Pakistan und Bangladesch. Viele Jahre waren die beiden Länder unter einem staatlichen Dach vereinigt, erst unter britischer, dann unter pakistanischer Führung. Unterdessen haben Pakistan und Bangladesch bei der Bevölkerungsentwicklung sehr unterschiedliche Wege eingeschlagen.

In Bangladesch, das zu den am dichtesten bevölkerten Ländern der Welt gehört, wurde die hohe Kinderzahl bereits in den 1970er-Jahren als große Herausforderung gesehen. Erst zwei Jahrzehnte später war es auch in Pakistan so weit. Mittlerweile ist die durchschnittliche Zahl von Kindern pro Frau in Bangladesch von mehr als sechs auf 2,2 gefallen. Die Bevölkerungszahl ist dabei, sich zu stabilisieren. In Pakistan dagegen liegt die Fertilitätsrate immer noch bei 3,6 Kindern pro Frau. Die Anzahl der Menschen wächst dort rasch weiter. Auch deshalb gehört Pakistan zu den Ländern mit den geringsten Aussichten auf eine gedeihliche Entwicklung.

Ein wesentlicher Grund für die unterschiedlichen Wege der beiden Länder ist die verbesserte Bildungssituation für Mädchen und Frauen in Bangladesch. Heute können dort praktisch alle Kinder zur Schule gehen, unabhängig von der Herkunft und vom Geschlecht. In Pakistan dagegen ist der Zugang zu Schulen für die Hälfte der Mädchen nicht gegeben. Jeder zweite Bürger des Landes kann weder lesen noch schreiben.

Der Zusammenhang zwischen Bildung und Bevölkerungswachstum ist eindeutig. Darüber hinaus ist eine breit verankerte Bildung – neben Infrastruktur, Zugang zu benötigten Ressourcen, Einbindung in weltweite Wertschöpfungsketten etc. – eine zentrale Grundlage für wirtschaftliche Entwicklung, Rechtsstaatlichkeit, den Aufbau demokratischer Strukturen und die Verwirklichung der Menschenrechte. Außerdem trägt Bildung zu einem friedlichen Miteinander bei. Die Konfliktforschung zeigt eindeutig, dass ungebildete Menschen in ungleich höherem Maß den Gefahren von Manipulation und Radikalisierung ausgesetzt sind als solche mit einem höheren Bildungsniveau.

Große Teile Asiens haben mittlerweile den Anschluss geschafft, nicht nur Singapur, Südkorea und China haben Enormes geleistet. Demgegenüber sind viele Probleme in der arabischen Welt und in Afrika immer noch Folge einer mangelnden Bildung und Ausbildung. Worin liegen die tieferen Ursachen von Frustration und Unzufriedenheit in der Region? Wodurch wird die gesellschaftliche Entwicklung blockiert?

Werfen wir einen Blick auf die MENA-Region. Sie umfasst 19 Staaten, von Marokko bis Oman, von Katar bis Jemen, die mit Ausnahme

Flüchtlingscamp Dadaab in Kenia (2016)

Eine Frau im Flüchtlingslager in Dadaab in Kenia ist auf dem Weg zur Relocation-Stelle, wo die Flüchtlinge nach ihrer Registrierung ein Zelt zugewiesen bekommen. Der von Dürre und Hunger getriebene Zustrom an Flüchtlingen – überwiegend Frauen und Kinder – reißt bis heute nicht ab.

Flüchtlingscamp Dadaab in Kenia – Ausgabe der monatlichen Nahrungs-mittelrationen (2016)

Hunger, Klimawandel und Kriege sind die Ursache dafür, dass derzeit etwa 60 Millionen Flüchtlinge heimatlos geworden sind. An der somalischen Grenze steht das weltgrößte Flüchtlingscamp Dadaab. 400 000 Menschen versuchen, mithilfe der internationalen Staatengemeinschaft zu überleben. 25 Dollar stehen pro Person und Monat zur Finanzierung der Lebensmittelrationen für die Flüchtlinge zur Verfügung.

Nomaden bei der Feldarbeit in Songot in Nordkenia (2012) ▶

Der Klimawandel ist in Afrika bereits angekommen. Circa 20 Millionen Menschen haben ihre Existenzgrundlage verloren.

Mangrovenbaumschule in Beira in Mosambik (2015)

Grüne Revolution 2.0 – Afrika kann sich selbst versorgen. Notwendig sind die Investition in die Ausbildung der ländlichen Bevölkerung sowie der Transfer von Wissen und Technologie. In 13 Innovationszentren werden nachhaltige Produktionsmethoden umgesetzt.

Kakaoplantage Akoupé in der Côte d'Ivoire (Elfenbeinküste) (2017)
Schätzungsweise eine Million Kinder arbeiten ohne Lohn mit ihren Eltern auf den Kakaoplantagen. 50 Cent ist das Tageseinkommen für einen Erwachsenen. Das »Forum nachhaltiger Kakao« wird von 80 Prozent der deutschen Schokoladenhersteller unterstützt.

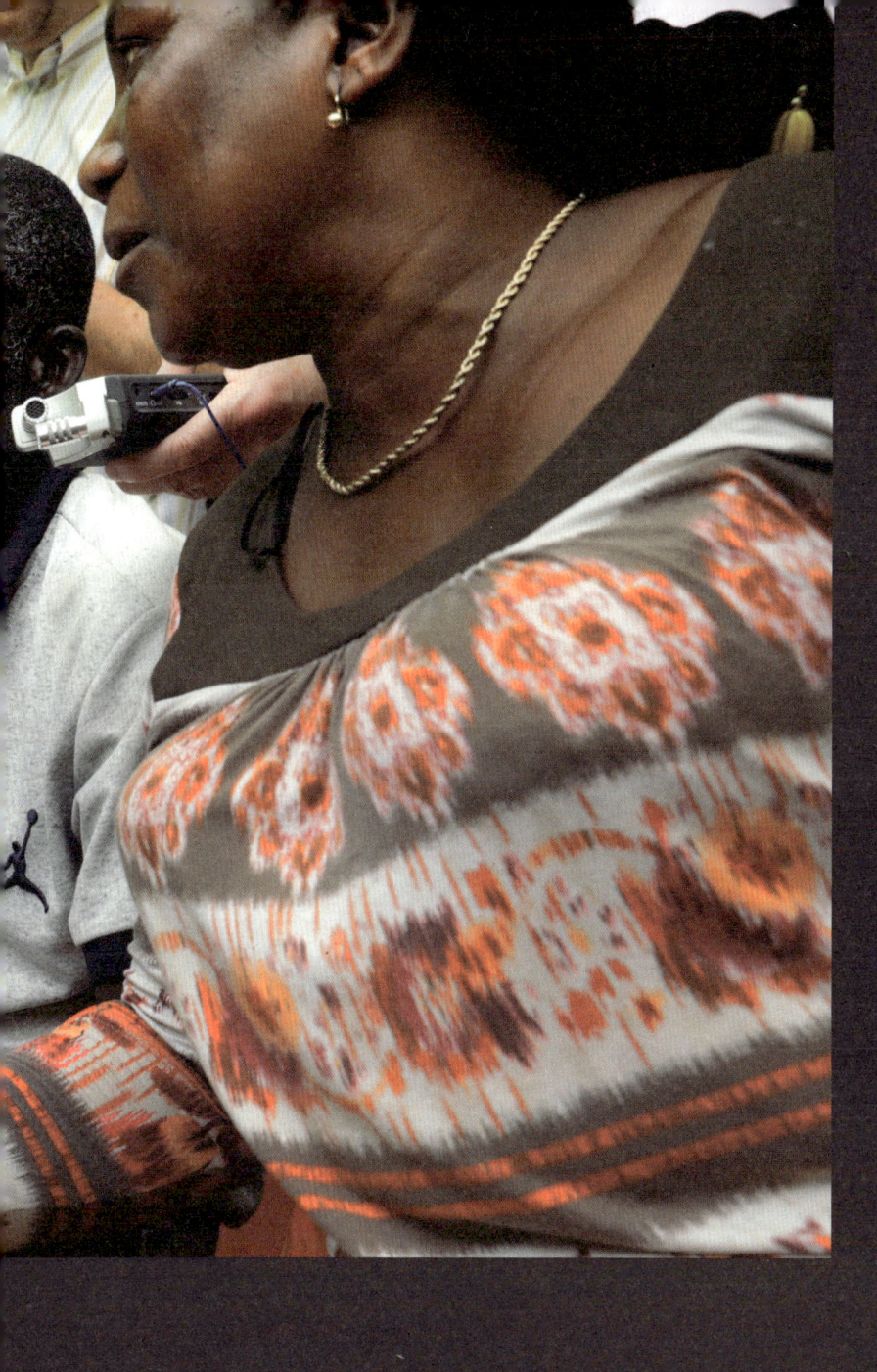

Die größte Elektromüllhalde Afrikas in Accra in Ghana (2016)

Rund 15 000 Kinder arbeiten auf dieser größten Elektronikschrott-Müllhalde der Welt. Unter brutalen Verhältnissen, für die Menschen und für die Umwelt, wird dort ein Teil des Elektronikschrotts aus Deutschland und Europa entsorgt.

Textilfabrik in Dhaka in Bangladesch (2015)

Arbeitsverhältnisse wie im 19. Jahrhundert bei uns in Deutschland herrschen in den allermeisten Textilfirmen Asiens. Millionen von Frauen arbeiten für einen Stundenlohn von 15 Cent 15 Stunden am Tag, sechs Tage die Woche. Unsere Kleider werden in diesen Fabriken gefertigt. Eine typische Markenjeans, genäht in dieser Fabrik, erzielt einen Verkaufspreis von fünf Euro, um dann 14 Tage später in Hamburg für 100 Euro im Kaufhaus von uns erworben zu werden. Ein Euro mehr pro Jeans bei den Frauen würde diesen einen existenzsichernden Lohn garantieren. Das deutsche Textilbündnis hat sich genau dieses zum Ziel gesetzt. Faire Kleidung muss unser aller Anspruch sein.

Frauen in einem Dorf in der Somali-Region in Äthiopien (2017)

Der Klimawandel zerstört die Existenz von Millionen von Menschen. In Ostafrika
können die Menschen nur mit unserer Hilfe überleben. Wir verfügen heute über
das Wissen und Können, eine Welt ohne Hunger zu ermöglichen.

Ein Mädchen sammelt Müll im Slum des Stadtviertels Seemapuri in Delhi in Indien (2017)

»Hier lebe ich mit meinen Eltern, wie Hunderttausende andere auch, und ich will hier raus!« Das war die Botschaft des kleinen Mädchens an mich, als ich ihm während meines Besuchs in Delhi begegnete.

Solarkraftwerk in Ouarzazate in Marokko (2016)

In Ouarzazate in der Wüste Marokkos steht das weltgrößte und modernste Solarkraftwerk. Die Kraft der Sonne der Sahara zu speichern und zu nutzen ist der Schlüssel für die Entwicklung des afrikanischen Kontinents. Mit unserem Wissen, den Forschungskapazitäten und der Erfahrung kann Afrika der Kontinent der erneuerbaren Energien werden. Ouarzazate ist zugleich ein Beispiel gelungener Entwicklungskooperation. Das Sonnenkraftwerk bietet Energie für eine Million Menschen, die Turbine wurde von Siemens konstruiert und 550 000 Parabolspiegel von einer ostbayerischen Firma produziert. Eine gelungene Win-win-Situation deutscher Entwicklungs-partnerschaft.

Israels alle muslimisch geprägt sind und dem arabischen Kulturraum angehören. Damit sind die Gemeinsamkeiten der Länder aber bereits erschöpft. Tatsächlich ist die Region von starken Kontrasten geprägt: auf der einen Seite wohlhabende und rohstoffreiche Staaten wie Saudi-Arabien und Katar. Die Glitzerstadt Dubai ist nicht nur ein internationales Luftfahrtkreuz mit angeschlossenem Einkaufszentrum, sondern der Inbegriff von Luxus in der Wüste. Um diesen Wohlstand zu erreichen, hat Dubai derart viele Einwanderer ins Land geholt, dass sie mittlerweile 95 Prozent der Bevölkerung stellen. Viele davon sind Arbeitsmigranten, meist aus Indien und Asien, ohne jegliches politisches Recht. Auf der anderen Seite der Jemen, eines der ärmsten Länder weltweit, mit hoher Geburtenrate und enormen Wasserproblemen. Ein Land, das mittlerweile ebenfalls zu den *failed states* gerechnet werden muss und von Bürgerkrieg gezeichnet ist.

So unterschiedlich die MENA-Staaten auch sind, überall wächst die Zahl der Menschen im Erwerbsalter schneller als die der Arbeitsplätze *(youth bulge)*. Viele junge Menschen finden keine Jobs, allenfalls schlecht bezahlte im Dienstleistungssektor, ohne soziale Absicherung, etwa als Obstverkäufer. Das Problem ist nicht neu, es hat sich bereits über Jahre aufgebaut. Nirgendwo auf der Welt ist die Jugendarbeitslosigkeit so hoch und die Anzahl der Frauen unter den Beschäftigten so niedrig wie in der MENA-Region. Kurz, die Entwicklung der ohnehin schwachen Wirtschaft hält mit der Bevölkerungsentwicklung nicht Schritt, wodurch die Migration weiter befeuert wird.

Dass trotz erreichter Verbesserungen im Bildungsbereich der Erfolg in etlichen Ländern dieser Region (noch) ausbleibt, liegt daran, dass einerseits viele andere Voraussetzungen für wirtschaftlichen Erfolg und Wachstum nicht erfüllt sind und andererseits die Bildungskonzepte oft verbesserungswürdig sind. Die Kinder gehen zwar zur Schule, aber sie lernen zu wenig Mathematik, ihre Problemlösungskompetenz ist zu schwach; Fremdsprachen, die einen Austausch mit anderen Ländern und Ökonomien ermöglichen, werden zu wenig gelehrt. Viele, gerade besser Ausgebildete drängen in den vermeintlich sicheren Staatsdienst. Ein privates Unternehmertum, das auf höherwertige Produkte und Dienstleistungen setzt, um sich dem Weltmarkt zu stellen, ist in den MENA-Staaten kaum vorhanden. Und schließlich haben Frauen, selbst wenn sie gut ausgebildet sind, auf dem Arbeitsmarkt nur wenige Chancen. Nicht einmal jede dritte Frau im Alter zwischen 25 und 34 Jahren ist berufstätig oder sucht einen Job. Damit geht den Ländern ein gewaltiges Potenzial verloren.

Dabei ist klar, was zu tun wäre. Das Bildungsniveau sollte mit modernen Lehrplänen und -methoden angehoben werden. Die jungen Menschen müssen fit gemacht werden, um selber wirtschaftlich tätig zu sein. Vor allem ist ein neues, wettbewerbsfähiges Unternehmertum erforderlich. Nicht zuletzt gilt es, den Frauen mehr Rechte auf allen Ebenen des öffentlichen und des Berufslebens zu geben.

Deutschland hat derzeit mit mehr als 40 Ländern eine Zusammenarbeit auf dem Gebiet der Bildung vereinbart. In zehn Ländern liegt sogar der Schwerpunkt auf dieser Arbeit: in Äthiopien, Afghanistan, Guatemala, Honduras, Jemen, Kosovo, Malawi, Mosambik, Pakistan und Togo. Insgesamt konzentrieren wir uns auf den Nahen Osten und Afrika. Deutschland ist mit 400 Millionen Euro Investitionen für Bildung der größte Geber weltweit.

Gerade in Afrika müssen wir der drohenden Bevölkerungsexplosion eine Bildungsrevolution entgegensetzen. Zwischenzeitlich hat sich einiges zum Besseren entwickelt. Von 54 afrikanischen Ländern haben 25 bereits Einschulungsraten von mindestens 80 Prozent. Leider liegen wichtige Länder wie Burkina Faso, Liberia und auch das große Nigeria weiterhin zurück. Dabei dürfen wir nicht darauf warten, bis uneinsichtige Staats- und Regierungschefs endlich handeln. Gerade in Ländern mit schlechter Regierungsführung gelingt es dem Staat häufig nicht, die soziale Grundversorgung der Bevölkerung zu sichern. Hier müssen wir verstärkt auf kirchliche Träger und Nichtregierungsorganisationen als Partner setzen.

Im Rahmen des Marshallplans mit Afrika werden wir in den Partnerländern darauf drängen, dass die nationalen Budgets im Bildungsbereich nicht gekürzt, sondern erhöht werden; zehn Prozent und weniger sind zu wenig. Das Ziel sollte lauten: eine Grundbildung für alle und eine gezielte Investition in berufliche und handwerkliche Ausbildung, auch und gerade im ländlichen Bereich.

Computer und Smartphones neben Zeitschriften und Büchern – darin liegt eine Chance, deren Tragweite wir bisher nur in Ansätzen begreifen, wobei die Bedeutung von Zeitschriften und Büchern dennoch nicht unterschätzt werden sollte. Eine Bildungsrevolution von unten ist nötig: Heute kann sich jedes afrikanische Dorf via Internet Zugang zum Wissen der Welt verschaffen. Die Freude, die Motivation und die Leistungsbereitschaft der jungen Menschen sind enorm. Sie wollen sich mit eigener Kraft aus der Armut befreien. Diesen Willen habe ich in ihren Augen gesehen und daraus speist sich mein Optimismus. Warum sollten afrikanische Jugendliche nicht das schaffen, was ihre Altersgenossen in Asien vorgemacht haben?

Jeder Mensch hat ein eigenes Potenzial, Talente und Fähigkeiten – jeder sollte die Möglichkeit erhalten, sie zu entwickeln und zu nutzen.

Ein Marshallplan mit Afrika

- Wir benötigen einen neuen Zukunftsvertrag zwischen Europa und Afrika.

- Afrika braucht afrikanische Lösungen.

- Mit der Agenda 2063 der Afrikanischen Union beschreiben Reformpolitiker einen eigenen Weg ihres Kontinents. Die Geber-Nehmer-Mentalität gilt es abzulösen durch eine Partnerschaft, die auf Eigeninitiative und Eigenverantwortung setzt.

- Afrikas Jugend benötigt jedes Jahr 20 Millionen neue Arbeitsplätze. Diese schafft nicht die staatliche Seite, sondern letztlich nur die Wirtschaft.

- Voraussetzungen für unternehmerische Investitionen sind Kampf gegen die Korruption, Sicherheit, Rechtsstaatlichkeit und eine effiziente Verwaltung.

- Wertschöpfung vor Ort statt Ausbeutung des Kontinents. Eine neue Wirtschafts- und Handelspolitik setzt auf Diversifizierung der Wirtschaft, Wertschöpfung und Verarbeitung vor Ort, gezielte Förderung der Landwirtschaft, Ausbau der beruflichen Ausbildung und Schaffung eines neuen Mittelstands.

- Eine zentrale Aufgabe ist die Unterstützung afrikanischer Staaten beim Aufbau von Sozialsystemen und Bildung für alle.

- Eine große Chance ist die Entwicklung und Nutzung des enormen Potenzials für erneuerbare Energien in Afrika.

- Staatliche Entwicklungsgelder, höhere Eigenmittel, verstärkte private Investitionen durch verbesserte Rahmenbedingungen und fairer Handel sind eine wichtige Voraussetzung für mehr Wohlstand und gesellschaftlichen Fortschritt.

- Entwicklung, Frieden und Wohlstand in Afrika zu erreichen, ist eine gewaltige Aufgabe. Was in Afrika geschieht oder unterlassen wird, hat enorme Auswirkungen auf Europa. Allein die Tatsache, dass sich die Bevölkerung des Kontinents bis 2050 verdoppeln wird, zeigt die Größe der Herausforderung.

NOUAKCHOTT IST DIE HAUPTSTADT VON MAURETANIEN, einem der ärmsten Länder der Welt. Dort konnte ich die Auswirkungen des Klimawandels unmittelbar erleben. Vor 30 Jahren waren hier etwa 15 000 Menschen beheimatet, heute sind es 1,5 Millionen. In der Mehrzahl sind es Beduinen aus der benachbarten Wüste: Vertriebene, Klimaflüchtlinge. Durch den Klimawandel ist die Wüste nämlich heißer, trockener und lebensfeindlicher geworden. Auf der einen Seite wird die Stadt von der Wüste bedrängt, auf der anderen Seite steigt der Meeresspiegel. Überschwemmungen treten heute bereits häufiger auf als früher. Wie dies mit dem Klimawandel und dem ansteigenden CO_2-Gehalt der Atmosphäre zusammenhängt, ist den Bewohnern der Stadt vielleicht nicht klar. Aber die Auswirkungen bestimmen ihr Leben.

Stadtplanung, wie wir sie kennen, gibt es in Nouakchott nicht. Hin und wieder stößt man auf ein paar Stromleitungen und viele staubige Straßen. Darauf fahren überfüllte private Minibusse in katastrophalem Zustand. Die meisten Menschen holen sich ihr Wasser von öffentlichen Wasserstellen. Dreck, Schlamm und Fäkalien bestimmen das Bild in weiten Teilen der Stadt.

In Nouakchott habe ich einen Jungen auf einem Eselskarren gesehen. Er transportierte ein Wasserfass, während er ein Handy am Ohr hielt. Das Bild geht mir nicht mehr aus dem Kopf. Der Junge holt Wasser, wie es seine Vorfahren seit Jahrhunderten gemacht haben. Er lebt in familiären Stammesstrukturen, die über Generationen gewachsen sind und in denen sich die Menschen sicher fühlen. Plötzlich bekommt er von einem Tag auf den anderen ein Smartphone, mit dem er sich durch die von Google oder Facebook angebotenen Inhalte klickt.

In diesem Moment wird ein Vorhang aufgerissen – es tut sich eine neue Welt auf. Westliche Konsummuster und Werte stellen seine Gedanken auf den Kopf. Vieles, was er auf seinem Handy sieht oder liest, stellt die Verhaltensweisen seiner Familie infrage. Zum Beispiel die Rollen von Mann und Frau, die seiner Eltern oder das Verhältnis zu seinen Brüdern oder Schwestern. Oder, ganz einfach, seine Essgewohnheiten. Die Religion, mit der er groß geworden ist, sagt wahrscheinlich etwas anderes als das, was er auf seinem Smartphone liest.

Dieser Junge wird aus dem Mittelalter schlagartig ins 21. Jahrhundert katapultiert. Was macht das mit ihm? Die andere Welt, die neuen Inhalte – erweitern sie seinen Horizont oder verwirren sie ihn nur? Gibt es nun häufiger Streit in der Familie? Wie redet er mit seinen Freunden über das, was da auf ihn einstürzt? Wovon träumt er nachts? Zieht man den Gedankenkreis weiter, stellen sich weitere Fragen: Wer prägt die neue, die digitale Kultur, die den Jungen erreicht? Sind es die Afrikaner selber? Bisher zumindest nicht. Es sind Strategen in weit entfernten Konzernzentralen, die darüber bestimmen und damit eine Revolution der Gedanken, Werte und Verhaltensmuster auslösen.

Auf die meisten Fragen, die mit der Digitalisierung Afrikas einhergehen, haben wir noch keine Antworten. In dem Aufeinanderprallen der Kulturen liegen riesige Chancen, ein Aufbruch, wie ihn der Kontinent noch nicht erlebt hat, aber es gibt auch große Risiken. Wir können heute Hunderte von Millionen junger Afrikaner über digitale Kanäle mit Informationen versorgen und sie in ihrer Ausbildung unterstützen. Aber was geschieht anschließend? Werden sie eine auskömmliche Beschäftigung finden? Und wo? Auch hier gilt: Wir dürfen die Dinge nicht einfach laufen lassen. Es wäre gut, wenn die täglichen Informationen, die den Jungen in Nouakchott erreichen, vor allem aus seiner eigenen Kultur kämen. Afrikanische Musik, afrikanische Tänze, afrikanisches Handwerk, afrikanischer Journalismus, afrikanische Bildung.

Das 21. Jahrhundert wird so oder so durch die Entwicklungen in Afrika geprägt werden. Afrika ist der Kontinent mit dem höchsten Bevölkerungswachstum, den meisten Problemen und vielleicht auch den größten Chancen. Afrika liegt vor unserer Haustür. Von Tunesien nach Sizilien sind es 145 Kilometer, von Marokko nach Spanien gerade einmal 14 Kilometer. Heute kommen auf einen Europäer etwa zwei Afrikaner, 2050 werden es bereits vier Afrikaner pro Europäer sein. Wie man sich dem Thema auch nähert, wir können Afrika nicht ausblenden. Wir sind geschichtlich, wirtschaftlich, kulturell und geografisch nicht nur miteinander verbunden, sondern auch aufeinander angewiesen.

In Afrika steht die Wiege der Menschheit. In den Regenwäldern und Savannen des Kontinents entwickelten sich die ersten Hominiden. Vor gut drei Millionen Jahren bewegte sich Lucy, eine unserer Urmütter, durch das heutige Äthiopien. Wahrscheinlich lebte sie überwiegend auf dem Boden und schlief in den Bäumen. Das Skelett ist zu bestaunen im Äthiopischen Nationalmuseum in Addis Abeba. Viele Jahre später machte sich der moderne Mensch von Afrika aus auf den Weg, um den Planeten zu erobern. Zuerst nach Europa und Asien, dann über Grönland und über Alaska nach Nordamerika und von dort aus immer weiter in Richtung Süden bis nach Feuerland. Wir alle sind das Ergebnis dieser größten Wanderung aller Zeiten. Wir alle sind ein Stück Afrika.

In der Zeit zwischen 1451 und 1870 wurden mehr als neun Millionen Afrikaner versklavt und auf europäischen Schiffen über den Atlantik transportiert. Die meisten wurden nach Südamerika gebracht, viele nach Brasilien, wo sie auf den Zuckerplantagen schuften mussten. Oder sie wurden auf die französischen und britischen Karibik-Kolonien verfrachtet, wo ihnen das gleiche Schicksal widerfuhr. Für die Passage über den Atlantik stand den Sklaven auf englischen Schiffen jeweils Platz von gut 1,5 Metern Länge, 30 Zentimetern Breite und etwa 60 Zentimetern Höhe zur Verfügung.

Der atlantische Sklavenhandel, das dunkelste Kapitel von Fremdbestimmung in der afrikanischen Geschichte, wurde vom Kolonialzeitalter abgelöst. Auch dies eine Epoche, die geprägt war von Unterdrückung, Bevormundung, Erniedrigung und Ausbeutung. Und auch in ihr spielten die Europäer die Hauptrolle. Eines der wichtigsten Ereignisse aus dieser Zeit war die Westafrika-Konferenz in Berlin, die 1885 per Beschluss den Kontinent mit dem Lineal ohne Rücksicht auf Geschichte, Tradition, Kultur und Selbstbestimmung der Völker aufteilte. Europa und Afrika blicken auf eine lange, oft schmerzhafte gemeinsame Geschichte zurück. Wir teilen ein schweres Erbe, wir waren oft die »Täter« und tragen damit eine bleibende Verantwortung.

Ich bin immer wieder erstaunt, wenn vom »Land« Afrika die Rede ist. Nein, Afrika ist ein Kontinent mit 54 Staaten, mehr als 3000 ethnischen Gruppen sowie über 2000 Sprachen und zahllosen Religionsgemeinschaften. Afrika ist dreimal so groß wie Europa, 85-mal so groß wie Deutschland. Afrika ist der Kontinent der Vielfalt – an Menschen, vor allem jungen Menschen sowie an Kulturen und Natur. Es gibt viele Klimazonen, einen immensen Artenreichtum und eine besonders faszinierende Tierwelt. Es kann nicht *eine* Antwort auf die Frage nach der Zukunft des Kontinents geben, sondern es werden viele sein, die passgenau entwickelt werden müssen, von und mit den Afrikanern. Mit der Agenda 2063 der Afrikanischen Union haben sich die afrikanischen Staaten selber klare Entwicklungsziele gesetzt. Afrika braucht afrikanische Lösungen.

Afrika ist das Zentrum der demografischen Entwicklung im 21. Jahrhundert. Allen Krisen und Kriegen zum Trotz hat sich die Bevölkerungszahl zwischen 1950, als sie bei etwa 200 Millionen lag, und heute mit 1,2 Milliarden versechsfacht. Bis zur Mitte des 21. Jahrhunderts wird es noch einmal zu einer Verdoppelung kommen und bis zum Jahr 2100 mindestens zu einer Verdreifachung.

Dass die Hälfte der afrikanischen Bevölkerung jünger als 25 Jahre ist, bedeutet Chance und Herausforderung zugleich. Fast überall auf dem Kontinent wächst die Zahl der Menschen im Erwerbsalter schneller als die Zahl der Arbeitsplätze. Viele junge Menschen finden keine Arbeit, allenfalls schlecht bezahlte im Dienstleistungssektor, ohne soziale Absicherung, etwa als Wasserverkäufer auf der Straße. Die Folge sind Frustration und Perspektivlosigkeit. Hinzu kommt, dass Frauen im afrikanischen Gemeinwesen vielfach nicht gleichberechtigt und damit oft ausgeschlossen sind. Keine Gesellschaft kann es sich aber auf Dauer erlauben, große Potenziale der Hälfte der Bevölkerung ungenutzt zu lassen. Der Schlüssel für die Zukunft Afrikas liegt also ganz wesentlich bei der Jugend – und bei den Frauen.

Außerdem haben in vielen Ländern Afrikas korrupte Eliten noch viel zu viel Einfluss. Es sind Eliten, die ihr Geld lieber außer Landes schaffen, als es vor Ort zu investieren. Die ihre Ackerflächen und Fischgründe lieber an Interessenten aus anderen Ländern verkaufen, als damit zur Ernährung der eigenen Bevölkerung beizutragen. Die es Konzernen erlauben, die Bodenschätze auszubeuten, ohne dass Wertschöpfung im eigenen Land stattfindet. Allerdings sollte man bei alldem nicht vergessen, dass Korruption immer zwei Seiten hat. Auch internationale Konzerne halten sich nicht immer an Compliance-Regeln. In den vergangenen 50 Jahren sind Afrika dadurch mehr als eine Billion US-Dollar an nicht gezahlten Steuern und damit eine unverzichtbare Basis für nachhaltige Entwicklung verloren gegangen. Aktuell belaufen sich die illegalen Finanzströme, die jährlich aus Afrika abfließen, auf 50 Milliarden US-Dollar – mehr als die internationale staatliche Entwicklungshilfe. Der überwiegende Teil der Abflüsse entsteht durch Steuerbetrug beziehungsweise Steuerumgehung internationaler Konzerne. Dies kann und muss in Zukunft verhindert werden.

Weite Teile der afrikanischen Bevölkerung leiden unter einer politischen Elite, die »Regieren« weniger als Dienst am Gemeinwohl versteht, sondern eher als ein Recht, sich selber zu bedienen. Um die Korruption in Afrika zu verstehen, muss man allerdings auch die Tradition dahinter sehen. Die Sorge für die eigene Familie oder den eigenen Stamm ist in vielen Kulturen tief verwurzelt, ganz speziell ist sie es in Afrika. Wenn jemand es einmal nach »oben« geschafft hat, sind die Erwartungen und gesellschaftlichen Verpflichtung groß, sich um die Seinen zu kümmern, sie also zu begünstigen. Das ist der Kern des sogenannten Klientelismus, wie man ihn in vielen Teilen der Welt findet, nach wie vor auch in der reichen Welt. Offensichtlich kann aber eine Entwicklung zum Positiven nicht gelingen, wenn Korruption staatlicher Eliten zum Handlungsprinzip einer ganzen Gesellschaft wird.

Andererseits sind die Europäer gut beraten, jeden Hauch von Besserwisserei, geschweige denn Arroganz zu vermeiden. Denn kulturelle Entwicklung braucht Zeit, und dazu gehört auch die Bekämpfung des Klientelismus. Was nicht heißt, dass man die Dinge nicht beim Namen nennen darf. In meiner Rede auf dem zweiten *German-African Business Summit* Anfang 2017 in Nairobi habe ich meine Enttäuschung darüber zum Ausdruck gebracht, dass zum Beispiel das gastgebende Land Kenia im Report von Transparency International von Platz 139 (2015) auf 145 (2016) abgerutscht ist. Korruption beginnt in Kenia bereits in der Schule.

Mehr als der erhobene Zeigefinger kann moderne Technik bei der Bekämpfung von Korruption ausrichten. Wenn Aktenordner und Zettel in den Behörden durch IT-Systeme ersetzt und Prozesse elektronisch dokumentiert werden, ist potenziell eine solide Grundlage für Kontrolle und Transparenz geschaffen. Mit deutscher Unterstützung hat Präsident Paul Kagame in Ruanda einen unabhängigen Rechnungshof und ein Korruptionskontrollsystem eingeführt, und er hat damit Erfolg. Ruanda liegt beim Korruptionsindex auf Platz 50 (2016) und damit vor Bulgarien und Rumänien.

Neue Felder der Zusammenarbeit liegen in der Förderung von Rechtsstaatlichkeit, politischer Teilhabe von Männern und Frauen und einer effizienten Verwaltung sowie dem Kampf gegen Korruption. Mit der von der Afrikanischen Union beschlossenen Agenda 2063 haben sich die Afrikaner selbst auf diese Ziele verpflichtet. Darauf sollten wir setzen und Reformpartnerschaften mit denjenigen voranbringen, die es ernst meinen. Afrika ist neben allen Problemen auch der Kontinent der Chancen, der Dynamik und der Jugend. Das Bruttoinlandsprodukt hat sich seit 1990 verfünffacht, die Mütter- und Kindersterblichkeit hat sich halbiert, und nahezu 80 Prozent aller Kinder besuchen nach offiziellen Angaben die Grundschule. Die Menschen in Afrika leisten viel. Fast ein Drittel aller Flüchtlinge weltweit werden in Afrika versorgt – 20 Millionen Menschen. Der Kontinent bewältigt Dürrekatastrophen und sieht sich durch die Klimaveränderung gerade in der Landwirtschaft bedroht und herausgefordert. Dafür, dass eine gewisse Aufbruchsstimmung herrscht, spricht vielleicht, dass acht der weltweit zwölf Volkswirtschaften, die zweistellige Wachstumsraten aufweisen, afrikanische Länder sind. Der Kontinent ist der weltweit am schnellsten wachsende Markt für Informations- und Kommunikationstechnologie. Die Entwicklung schreitet voran, aber es braucht Zeit.

Schauen wir in unsere eigene Geschichte. Vor 100 Jahren gab es auch hierzulande in weiten Teilen kein fließendes Wasser, keinen Strom, geheizt wurde nur die Küche und zu besonderen Anlässen die »gute Stube«. Erst nach den beiden Weltkriegen hat sich in Nordamerika, Europa und Japan ein breiter Wohlstand entwickelt. In kurzer Zeit setzte sich ein Lebensstil mit Telefon, eigener Waschmaschine und Auto durch – eine oder zwei Generationen zuvor konnten sich das nur Millionäre leisten.

Allein in der zweiten Hälfte des 20. Jahrhunderts hat es eine Steigerung des globalen Wasserverbrauchs um das Dreifache gegeben, des Kohlendioxidausstoßes um das Vierfache und der weltweiten Anlandung von Fisch um das Fünffache. Von 1950 bis heute hat die Weltwirtschaft sich mehr als verzehnfacht. Dem gegenüber hat die ökologische Kapazität der Erde, also die Basis für die Erzeugung dieses Wohlstands, eher abgenommen. Würden alle Menschen auf dem Konsumniveau eines Europäers oder Amerikaners leben, bräuchten wir mittlerweile drei oder sogar vier Planeten. Wenn Afrika es schaffen soll, dann wird dort ein anderer Wohlstand mit anderen Konsum- und Wachstumsmustern aufgebaut werden müssen und dazu bedarf es neuer Antworten.

Das Ziel ist eine selbsttragende Entwicklung in Afrika – wie in Asien. Letztlich können nur die Kräfte des Markts und des Unternehmertums einen Kontinent aus der Armut befreien. In Asien sieht man, was dazu erforderlich ist: starke Regierungen, die in Arbeitsplätze, Gesundheit und Bildung investieren. Vor allem aber braucht es Frieden und Stabilität. Von alldem hat Afrika nicht genug. Noch immer ist der Kontinent in erster Linie Rohstofflieferant und Markt für Fertigprodukte – das koloniale Erbe wirkt bis heute fort.

Afrika braucht eine eigene Industrie, eigene Produktion und Wertschöpfung vor Ort, die Stärkung der Landwirtschaft, den Aufbau verarbeitender Wirtschaft und des Handwerks. Voraussetzung dafür ist Bildung, besonders berufliche Ausbildung der Jugend. Die Entwicklung Afrikas ist ein epochales Unterfangen. Aber selbst wenn es schwierig ist – es ist *machbar*. Mehr noch: Es ist unsere einzig realistische Chance für ein partnerschaftliches und positives Miteinander von Europa und Afrika.

Stellen wir uns dagegen eine Zukunft Afrikas als »Aufrechterhaltung« des Status quo vor. In einem solchen Szenario geht es weiter wie bisher, die Welt wird nicht aktiv. Wirtschaftliche und demografische Entwicklung werden dann weiter auseinanderlaufen, Millionen von jungen Menschen werden keine Arbeit finden. Infolge des Bevölkerungsdrucks und verstärkt durch den Klimawandel wird der Regenwald weiter zerstört, bis er schließlich kaum noch zu erkennen sein wird. Megastädte wachsen unkontrolliert weiter. Elend, Gewalt und Prostitution prägen den Alltag. Die Zahl der gescheiterten Staaten nimmt weiter zu. Eine solche Entwicklung hätte auch gewaltige Auswirkungen für Europa. Warum sollten die Afrikaner angesichts eines solchen Szenarios in ihrer Heimat bleiben – ohne Perspektive? Dabei reden wir nicht über einige Hunderttausende, sondern über Millionen potenzieller Migranten.

Afrika ist zugleich der Kontinent der Chancen, der Dynamik und der Jugend mit einer unvorstellbaren kulturellen Vielfalt und einer Natur mit riesiger Artenvielfalt. Es ist eine Schatzkammer der Natur. In Afrika befinden sich auch die größten Anbauflächen der Welt. Afrika verfügt über vielfältige natürliche Ressourcen: 15 Prozent der weltweiten Ölvorkommen, 40 Prozent der Goldreserven und 80 Prozent der Platinmetalle. Dieser Reichtum an Rohstoffen ist ein Segen, aber auch ein Fluch – beides zugleich. Denn allzu oft führte der Kampf um Rohstoffe zu Bürgerkrieg und militärischen Konflikten. Unternehmergeist und Innovationskraft, außerdem die großen unerschlossenen Potenziale für erneuerbare Energien und Landwirtschaft könnten aber auch dazu verhelfen, Hunger und Mangelernährung innerhalb von ein bis zwei Jahrzehnten zu überwinden. Auch die Eindämmung von Krankheiten und Epidemien ist möglich.

Afrika ist auf dem Weg. Das haben längst auch andere registriert. Ich denke zum Beispiel an Dschibuti in Ostafrika. Die Republik liegt strategisch günstig, genau dort, wo der Indische Ozean ins Rote Meer übergeht. In Dschibuti investieren die Chinesen Milliarden US-Dollar, um einen Seehafen zu errichten. Von dort aus haben chinesische Arbeiter eine Eisenbahn ins Landesinnere gebaut, nach Addis Abeba, der Hauptstadt von Äthiopien. Ich habe sie selber gesehen: Tausende chinesische Arbeiter auf der Baustelle und kein einziger Afrikaner. Daneben hausen hungernde einheimische Kinder und Jugendliche, die sich ein paar Cent verdienen, indem sie Coca-Cola an die Chinesen verkaufen. Das ist eine Form der Zusammenarbeit, die für Afrika problematisch ist: Ausländische Investoren bauen Straßen, Eisenbahnlinien und Kraftwerke und exportieren Rohstoffe; dafür bringen sie aber ihre eigenen Arbeiter mit – und die heimische Bevölkerung bleibt außen vor. Leider ist das ein Trend in Afrika, den wir derzeit häufig sehen. Kräfte von außen picken sich die »Rosinen« heraus und nutzen Ressourcen zum eigenen Vorteil.

Der Marshallplan mit Afrika hat ein anderes Ziel: ein prosperierendes und friedliches Afrika im Sinne der Agenda 2063 der Afrikanischen Union, geprägt durch afrikanische Aktivitäten. Die Afrikaner wissen sehr gut, was sie wollen: eine Entwicklung, die von den Potenzialen der eigenen Bevölkerung vorangetrieben wird und die alle einbezieht. Afrikanische Lösungen für afrikanische Herausforderungen. Im Zentrum steht eine neue partnerschaftliche, politische und wirtschaftliche Kooperation, die auf Eigeninitiative und Eigenverantwortung setzt und die seit Jahrzehnten andauernde Geber-Nehmer-Mentalität ablöst.

Den Begriff Marshallplan habe ich bewusst gewählt. Dabei ist mir klar, dass die Herausforderungen in Afrika nicht vergleichbar sind mit denen nach dem Zweiten Weltkrieg in Westeuropa, als der historische Marshallplan seine positive Wirkung entfaltet hat. Vergleichbar sind allerdings die Dimension der Kraftanstrengung und ein langfristiger, strategischer Ansatz, der weit über die wirtschaftliche Zusammenarbeit und Entwicklungspolitik hinausweist und auch Fragen der Handels-, Finanz-, Außen- und Sicherheitspolitik, Agrar-, Umwelt- und Wirtschaftspolitik mit einbezieht. Zugleich möchte ich an den Optimismus der Nachkriegszeit anknüpfen – auf dem Weg zu einer friedlichen und erfolgreichen Zusammenarbeit zwischen Europa und Afrika.

Die wichtigste Frage, auf die ein Marshallplan mit Afrika Antworten geben muss, lautet: Wie können Jahr für Jahr 20 Millionen Arbeitsplätze entstehen, die der Jugend eine Perspektive bieten und die nicht zerstörerisch auf die Umwelt wirken? Alle Maßnahmen eines Marshallplans mit Afrika müssen sich deshalb daran messen lassen, inwieweit sie neue Perspektiven für die Jugend schaffen. Der Marshallplan mit Afrika muss in erster Linie ein New Deal für Afrikas Jugend sein. Afrikas Jugend wächst rasant. Das Durchschnittsalter auf dem Kontinent beträgt 18 Jahre. Die Jugendarbeitslosigkeit liegt bei bis zu 50 Prozent. Es gibt viel zu wenig Ausbildungsplätze, wenig Chancen in der Landwirtschaft, und die Ausbildung geht häufig am Bedarf vorbei. Notwendig sind eine Aufwertung handwerklicher Ausbildung und moderner Berufsbilder in der Landwirtschaft sowie die Entwicklung klein- und mittelständischer Betriebsstrukturen. Afrikas Jugend muss eine Zukunft in Afrika haben und zum Rückgrat der zukünftigen Entwicklung werden.

Deutschland hat es sich zur Aufgabe gemacht, eine neue Partnerschaft mit Afrika auf den Weg zu bringen. Wie kann das gelingen? Im Marshallplan mit Afrika werden Wirtschafts-, Finanz-, Handels-, Außen-, Sicherheits-, Rechts-, Umwelt-, Bildungs- und Gesundheitspolitik zusammengeführt. Eine neue Gesamtstrategie eines vernetzten Ansatzes ist notwendig, auch in Kooperation mit der Europäischen Union. Die Europäische Union arbeitet an einem neuen Zukunftsvertrag 2020, um ihre Afrikapolitik institutionell und vertraglich neu auszurichten. Dies bietet auch die Chance, die handelsrechtlichen Beziehungen und den Zugang zum EU-Binnenmarkt neu zu gestalten. Dazu gehören auch der Ausfuhrstopp schädlicher Exporte nach Afrika und neue Rahmenbedingungen für fairen Handel und gezielte Investitionen und Wertschöpfung vor Ort. Klar ist, dass die afrikanischen Regierungen dabei ebenfalls eine Bringschuld haben, die insbesondere in *good governance*-Strukturen, im Kampf gegen Korruption, im Kampf für Rechtssicherheit und in der Einhaltung der Menschenrechte liegt.

Für die Entwicklungspolitik in Deutschland lautet der Dreiklang: Ausbau der staatlichen Entwicklungszusammenarbeit, fairer Handel für Afrikas Produkte und Märkte und Förderung einer Offensive privater Investitionen. Der Aufbau- und Investitionsbedarf und damit auch die Chancen für deutsches wirtschaftliches Engagement sind enorm, und Deutschland ist gefragt.

Weltweit fließen jährlich circa 50 Milliarden Euro an staatlicher Entwicklungsfinanzierung nach Afrika. Der Investitionsbedarf zur Umsetzung der UN-Nachhaltigkeitsziele (SDG) liegt bei mindestens 600 Milliarden US-Dollar jährlich. Dies zeigt zum einen die gewaltige Aufgabe, aber auch die Chancen. Zur Finanzierung bedarf es gewaltiger Anstrengungen und neuer Formen der Mobilisierung von Eigenmitteln der afrikanischen Staaten. Dabei ist es unabdingbar, die Steuerquote der afrikanischen Länder, die heute in vielen Staaten unter 20 Prozent liegt, in Richtung des durchschnittlichen OECD-Satzes von 35 Prozent anzuheben. Entscheidend wird darüber hinaus eine Mobilisierung privaten Kapitals und privater Investitionen sein. Staatliche Gelder müssen hierzu verstärkt zur Risikoabsicherung eingesetzt und neue Investitionsanreize gesetzt werden.

An Kapital besteht in dieser Welt kein Mangel. Deutsche und internationale Banken müssen jedoch neue, nachhaltige Anlageprodukte entwickeln und absichern. Ein positives Beispiel ist Ruanda. Ich habe Hochachtung vor diesem Land, das nach dem Völkermord vor 25 Jahren einen friedlichen Weg eingeschlagen hat und auf dem besten Weg ist, ein neues Wirtschaftswunderland zu werden. Ruanda hat unlängst eine Staatsanleihe aufgelegt, am Ende war sie siebenfach überzeichnet, weil die Investoren auf Rechtssicherheit bauen können, und nicht zuletzt auch, weil Ruanda eine Rendite erwirtschaftet. Unter diesen Bedingungen fließen auch europäische und internationale Gelder nach Afrika, und zwar nicht in die Finanz-, sondern in die Realwirtschaft. Dorthin, wo letztlich das Wachstum entsteht. Deutschland baut derzeit die Zusammenarbeit mit Ruanda aus, zum Beispiel in Form von Investitionen in ein Start-up- und ein Digitalgründerzentrum.

Eine wichtige Aufgabe besteht darin, die Energieversorgung auf eine neue und sichere Basis zu stellen. Ausreichend Energie und sauberes Wasser sind ein Schlüssel für gesellschaftliche und wirtschaftliche Entwicklung. Heute haben nur etwa zwei von drei Afrikanern südlich der Sahara einen Stromanschluss, und nur jeder Zweite hat Zugang zu sauberem Wasser. Deshalb sollten in Zukunft erneuerbare Energien und moderne Formen der Wasserbereitstellung Hand in Hand gehen.

Der Sonnenkontinent Afrika hat heute die einmalige Chance, direkt ins Zeitalter der regenerativen Energien durchzustarten, ohne den Umweg über Kohle, Gas und Öl zu nehmen. Ob Sonne, Wasser, Wind, Biomasse oder Geothermie, es kommt darauf an, die jeweils passende Technologie und Infrastruktur zu finden, und natürlich eine Finanzierung. Es ist durchaus realistisch, bis 2030 rund 90 Prozent der afrikanischen Bevölkerung mit Energie zu versorgen. Ein großes Potenzial und Zukunftsprojekt stellen methanolbasierte, klimaneutrale Kraftstoffe dar, die – in Afrika hergestellt – sogar Teile der Klimaschutzherausforderungen im Bereich Verkehr in Deutschland und Europa lösen könnten, und zwar deutlich kostengünstiger als die heutigen Ansätze. Hier könnte sich eine wichtige Win-win-Partnerschaft zwischen Afrika und Europa ergeben, die massive private Investitionen in Afrika beinhaltet.

Ich baue auch auf Energie »von unten«, auf erneuerbare Energien, sei es für Dörfer, Gemeinden oder Städte. Genossenschaften sind dabei eine erprobte »soziale Innovation«. Deutschland hat auf diesem

Sektor viel Erfahrung. Energie von unten für die Dörfer und die ländlichen Regionen ist Voraussetzung für die Entwicklung auf dem flachen Land und die Verhinderung der Stadtflucht. Großkraftwerke wie in Kongo sind nicht für alle Anwendungen geeignet. In Kongo haben ausländische Investoren Wasserkraftwerke gebaut, der Strom wird anschließend an andere Länder verkauft. So ist keine breite Entwicklung zu ermöglichen. Lösungen im großen Stil, die für eine faire Verteilung der gewonnenen Energie und der erzielten Gewinne sorgen, sind erforderlich und werden angesichts der enormen Herausforderungen unerlässlicher Bestandteil der Energieversorgung Afrikas sein müssen.

Afrika braucht große Mengen kostengünstig, dezentral und umweltfreundlich erzeugter Energie. Nur so ist eine Industrialisierung neuen Typs möglich. In diesem Kontext sollte die Sahara nicht vergessen werden. In Marokko ging 2016 das größte und modernste Solarkraftwerk der Welt in Betrieb. Ein Meer von beweglichen Solarspiegeln fängt das Sonnenlicht ein und lenkt die Energie auf Röhren, die mit einem Spezialöl gefüllt sind. Deren Hitze lässt in einem Kraftwerk Wasser verdampfen. Der Dampf treibt im nahe gelegenen Kraftwerk Turbinen an, die Strom erzeugen – Strom für 350 000 Marokkaner. Dank integrierter Salzwasserspeicher (Mischung aus Natrium- und Kaliumnitrat) auch noch am Abend, wenn die Sonne bereits untergegangen, aber die Nachfrage nach Strom groß ist.

Im Jahr 2020, nach der dritten Ausbaustufe, soll das Sonnenkraftwerk Noor (arabisch für Licht) Strom für 1,3 Millionen Menschen liefern. Die Solarspiegel in der Wüste werden dann eine Fläche ausfüllen, die größer ist als 4000 Fußballfelder. Bisher importiert Marokko seine Energie zu 97 Prozent aus dem Ausland. Der Strom aus der Wüste soll helfen, den wachsenden Bedarf selbst zu decken. Darüber hinaus ist geplant, Technik, Know-how und Strom auch in die Nachbarländer zu exportieren, für weitere hocheffiziente solare Großkraftwerke.

Die Sahara hat ein unglaubliches Potenzial für erneuerbare Energien: riesige, ungenutzte Flächen, viele Sonnenstunden und wenige Menschen. Eine kluge und verantwortungsvolle Investition könnte ausreichend Energie auch für die Subsahara liefern. Auch könnte Energie zum Betrieb von Meer- und Grundwasserentsalzungsanlagen bereitgestellt werden, was wiederum neue Potenziale für die heimische Landwirtschaft birgt, bis hin zur Begrünung von Teilen der Wüste. Kurz, die Sahara kann und muss zu einem »Joker« für die Entwicklung Afrikas werden. Wir müssen die Forschung und Entwicklung dieses Sektors gezielt vorantreiben, die Chancen und das Potenzial sind enorm.

Ein weiterer wichtiger Ansatz, der insbesondere dazu beitragen kann, das hohe Bevölkerungswachstum zu stoppen, ist die Unterstützung afrikanischer Staaten beim Aufbau von Sozialsystemen.

Der Marshallplan mit Afrika ruht auf drei Säulen. Erstens öffentliche Investitionen, mit denen anhand von Projekten gezeigt wird, wie Problemlösungen aussehen können, sei es in der Landwirtschaft oder im Bereich der Aufforstung von Wäldern, im Aufbau von staatlichen Strukturen und Behörden, seien es Projekte in den Bereichen Energie, Ernährung oder Wasserversorgung.

Es darf aber kein »Flickenteppich« von Einzelprojekten entstehen. Wir brauchen Leuchtturmprojekte, die auf andere Regionen ausstrahlen und als Muster für eine dauerhafte Entwicklung dienen können. Voraussetzungen dafür sind entsprechende Strukturen: eine Landreform (mit gleichberechtigten Landrechten für Frauen), Banken sowie ein funktionierender Mittelstand. Es gilt, die ländlichen Strukturen und das Handwerk zu entwickeln, um dann die erste Stufe der Industrialisierung zu schaffen. Nicht mit Kohle und Öl, sondern mit regenerativen Energien und IT.

Dies führt zur zweiten Säule, der Entwicklung des privaten Sektors. Hier ist der Aufholbedarf gewaltig. Das wird bereits deutlich, wenn man das heutige Engagement der deutschen Industrie in Afrika sieht. Von 400 000 deutschen Firmen im Ausland sind nicht einmal 1000 auf dem afrikanischen Kontinent aktiv. Der deutsche Handel mit Afrika beträgt gerade einmal zwei Prozent unseres Außenhandels. Das muss sich ändern! Afrika ist nicht nur der Kontinent der Krisen, Kriege und Katastrophen, Afrika ist vor allem der Chancen- und Wachstumskontinent. Heute zählen 400 Millionen Menschen mit einem täglichen Einkommen zwischen gut zwei und 20 US-Dollar zur afrikanischen Mittelschicht. Nirgendwo wächst der Markt für Informations- und Kommunikationstechnik so schnell wie auf dem Schwarzen Kontinent.

Letztlich geht es um die Stärkung der Eigenverantwortung und der Eigeninitiative. Dazu sind Transparenz, Bildung und politische Teilhabe wichtig – von Frauen und Männern. Vor allem wird privates Kapital benötigt. Die Voraussetzungen für das unbedingt notwendige Engagement von Investoren lassen sich einfach beschreiben: Sicherheit, Verlässlichkeit, Rechtsstaatlichkeit. Wo geschossen wird, wird nicht investiert. Regionen, die von religiösen Fundamentalisten heimgesucht werden, haben keine Chance. Deshalb stehen Befriedung und Sicherheit ganz oben auf der Agenda, wenn wirtschaftliche Entwicklung das Ziel ist. Die Afrikanische Union hat eine eigene Friedens- und Sicherheitsarchitektur erarbeitet, um Konflikten und Krisen zu verhindern und Kriege zu beenden.

Wir setzen auf Reformpartner. Staaten, die die Korruption bekämpfen, in Bildung investieren, die Gleichberechtigung der Geschlechter fördern und den Aufbau von Sozialsystemen in Angriff nehmen. Ihnen werden wir uns in Zukunft verstärkt zuwenden. Dabei vergessen wir allerdings die Ärmsten nicht. Unsere Kooperation mit Afrika basiert auf Verantwortung und Werten: Die Würde des Menschen ist unantastbar und universell. Der Starke steht in der Verantwortung für den Schwachen. Wir brauchen allerdings auch Wegbereiter. Staaten, die vorausgehen und zeigen: Es geht!

Die dritte Säule betrifft das Verhältnis von Industrieländern einerseits und Schwellen- und Entwicklungsländern andererseits. Bisher hat Europa mit Blick auf Afrika keine gemeinsame Strategie, keine konsistente Politik. Über Jahrzehnte war die Afrikapolitik einzelner Länder an kurzfristigen Wirtschafts- und Handelsinteressen orientiert. Außerdem wirkten alte Verbindungen aus Kolonialzeiten weiter fort. Vieles wirkt dabei kontraproduktiv. Auch deshalb hat Deutschland 2017 zum Afrikajahr ausgerufen. In Fortschreibung des Cotonou-Vertrags, der 2020 ausläuft, ist jetzt ein neuer Zukunftsvertrag Europas mit Afrika erforderlich.

Nicht selten gab es – und gibt es immer noch – schädliche Agrar-exporte nach Afrika, die den Standards eines fairen Handels nicht entsprechen und die auch keine Arbeit vor Ort schaffen. Afrika ist so zum Nettoimporteur geworden. Dieser Trend muss umgekehrt werden. Deswegen ist Fairness auch bei der Förderung und Subventionierung der europäischen Agrarwirtschaft erforderlich, gerade bei Produkten, die in afrikanische Märkte gehen. Erforderlich ist auch ein fairer und offener Zugang der afrikanischen Wirtschaft zu den Märkten Europas und der Welt. Es kann nicht sein, dass Tomatenmark aus Italien, Zwie-beln aus den Niederlanden und Milchpulver aus Deutschland den Auf-bau afrikanischer Märkte verhindern. Es ist richtig, dass die direkten Exportsubventionen in Europa abgebaut wurden. Es stimmt aber auch, dass europäische Landwirte zwischen 300 und 500 Euro Flächenprämie pro Hektar erhalten. Fakt ist auch, dass Afrika in einer Größenordnung von 30 Milliarden Euro europäische Agrarprodukte importiert, obwohl es sich selbst versorgen könnte.

Zur Stärkung der innerafrikanischen Märkte braucht der Konti-nent über einen gewissen Zeitraum einen handelspolitischen Schutz, um seine eigenen Strukturen entwickeln zu können. Das betrifft vor allem die Landwirtschaft und die ersten Schritte in der notwendigen Industrialisierung, zum Beispiel in der Textilwirtschaft. Außerdem soll-ten wir beginnen, die Maghreb-Staaten schneller in den europäischen Wirtschaftsraum zu integrieren, über Assoziierung, später freien Zu-gang zum Binnenmarkt und schließlich die volle Marktintegration.

Ich sehe eine große Offenheit in Ägypten und den anderen Maghreb-Staaten sowie großes Interesse an einer Kooperation mit Deutschland und der EU. Die Jugend schaut auf Deutschland und richtet sich an Europa aus. Das Mittelmeer verbindet uns nicht nur historisch und kulturell. Das politische Ziel sollte die Schaffung eines gemeinsamen Wirtschaftsraums, einer Mittelmeerunion sein: Nord-afrika und die Europäische Union. Heute bereits haben deutsche Investoren Tausende von Arbeitsplätzen in Tunesien, Marokko, Alge-rien und Ägypten geschaffen, vor allem in der Automobilzulieferung. Ich denke in diesem Zusammenhang aber nicht nur an Nordafrika, sondern auch an Staaten wie Ruanda, Togo und Kamerun. Zwei Drittel der Regierungsmitglieder Kameruns sprechen Deutsch, wir haben 6000 kamerunische Studenten in unserem Land.

Ich weiß, dass sich an dieser Stelle Ängste auftun. Erinnern wir uns aber an die Osterweiterung der Europäischen Union vor mehr als zwei Jahrzehnten. Es gab auch damals Befürchtungen, dass Arbeitsmigranten aus Polen, Ungarn oder Tschechien den Menschen bei uns die Arbeitsplätze wegnehmen könnten. Heute können wir feststellen, dass die Osterweiterung ein großes und erfolgreiches Projekt der EU war. Die neu aufgenommenen Länder haben ihre Wirtschaften vorangebracht, Millionen von Arbeitsplätzen wurden geschaffen, und es wurden demokratische Strukturen aufgebaut. Auch heute gilt: Die Zukunft Europas liegt nicht in der Abschottung, sondern in der Zusammenarbeit. Nur über einen solchen Weg wird die Jugend in den nordafrikanischen Ländern eine Bleibeperspektive sehen und ihre Zukunft nicht in die Hände von Schleppern legen. Auch das schafft Sicherheit in Europa.

Wir müssen aber auch über Afrika und Europa hinausschauen. Deutschland hat seine G-20-Präsidentschaft genutzt, um den Kampf gegen internationalen Steuerbetrug und Gewinnverlagerung voranzutreiben. Jährlich entgehen den Entwicklungsländern rund 385 Milliarden US-Dollar Steuereinnahmen – fast dreimal so viel wie die jährlichen Entwicklungsgelder. Eine der besten Investitionen in die Zukunft ist deshalb die in bessere Steuer- und Zollsysteme. Wir unterstützen zum Beispiel das *African Tax Administration Forum* in Südafrika bei der Aus- und Fortbildung von Steuerbeamten.

Die Liste der Aufgaben in diesem Feld ist lang. Dazu gehören: die Austrocknung internationaler Steueroasen, der Stopp illegaler Finanzströme aus Afrika, auch durch Druck auf die internationalen Finanzmärkte und Banken. Der deutsche Finanzminister hat diese Themen sehr erfolgreich vorangebracht. Außerdem müssen wir maßgebend und verändernd auf Regierungen einwirken, die religiösen Extremismus in Afrika finanzieren und ganze Regionen destabilisieren. Waffenexporte nach Afrika müssen eingeschränkt werden, das betrifft in erster Linie

Handfeuerwaffen und Gewehre. Über den interessanten Vorschlag, eine Sonderabgabe auf Waffenverkäufe einzuführen – wer Waffen kauft, muss einen Sonderabschlag für Friedens- und Entwicklungsprojekte entrichten –, wird zu reden sein.

Wir sollten die Afrikanische Union und die Europäische Union zügig institutionell verflechten. Wichtig wäre in diesem Kontext ein eigener EU-Kommissar für Afrika, der dafür sorgt, dass wir zu einer konsistenten Afrikapolitik kommen. Das Afrikajahr 2017 markiert den Beginn einer neuen und langfristigen Partnerschaft mit unserem Nachbarkontinent. Der EU-Afrika-Gipfel im Herbst 2017 wird ein Wendepunkt in der Beziehung beider Kontinente sein.

WOHIN DIE REISE GEHEN SOLL

Ökosoziale Marktwirtschaft für alle

- Der Leitgedanke der sozialen Marktwirtschaft ist seit Ludwig Erhard »Wohlstand für alle«. Die ökosoziale Marktwirtschaft ergänzt diesen Gedanken um die Forderung, dass dieser Anspruch innerhalb Rahmen der ökologischen Grenzen des Planeten umzusetzen ist.

- Eine ökosoziale Marktwirtschaft setzt die Ideen der Gemeinwohlorientierung und der Nachhaltigkeit um.

- Es gilt der ordoliberale Ansatz: Die Dynamik und die Effizienz der Ökonomie speisen sich aus dem Wettbewerb der Marktteilnehmer. Der Charakter des ökonomischen Geschehens resultiert jedoch nicht primär aus dem Wettbewerb, sondern vielmehr aus den Rahmenbedingungen und Regeln, unter denen dieser stattfindet.

- Eine wichtige Bedingung gelingender Gesellschaften ist soziale Balance. Dabei gilt: Zu viel Einkommensgleichheit funktioniert ebenso wenig wie zu viel Ungleichheit. Derzeit nimmt die Spaltung zwischen Arm und Reich in vielen Ländern in stabilitätsgefährdender Weise immer weiter zu.

- Mit der Agenda 2030 hat sich die Weltgemeinschaft einen ambitionierten Zielkatalog gegeben – ganz im Sinne einer nachhaltigen Entwicklung und einer *green and inclusive economy*.

- Die Richtung ist klar und richtig – das Problem liegt in der Umsetzung, das heißt in den heutigen inadäquaten Rahmenbedingungen des Weltmarkts. Die Agenda 2030 ist ein entscheidender Kompass, in welche Richtung zukünftige Rahmenbedingungen weisen sollen.

ICH BIN IN EINEM DORF GROSS GEWORDEN. Direkte Begegnungen mit Menschen sind mir wichtig. Ich denke an meine Heimat in Bayern. Dort trifft man sich im Sportverein oder in der Gastwirtschaft, egal ob Banker oder Bauer. Jeder hat seinen Wert, jeder hat seine Rolle im Gemeinwesen. Ein solches Miteinander hat mich geprägt.

Heute habe ich das unglaubliche Privileg, Menschen auf der ganzen Welt treffen zu dürfen. Fragen zu stellen ist wichtig, und Zuhören ist eine Kunst, die oft unterschätzt wird. Die Erfahrungen, die ich in anderen Ländern habe sammeln dürfen, haben mich zugleich in der Überzeugung bestärkt: Ein Weiter-so wie bisher ist im 21. Jahrhundert nicht möglich. Wir brauchen neue Lösungen für eine globalisierte Welt.

Ich denke an die äthiopische Hauptstadt Addis Abeba. Sie ist zwischenzeitlich zu einer modernen Stadt geworden, mit Straßenbahnen und Fünf-Sterne-Hotels, aber auch Slums und Elend am Rande der Stadt. Man muss nicht weit aus der Stadt herausfahren, um Menschen zu begegnen, die noch wie vor 300 Jahren leben. Ich denke auch an chinesische Glitzerstädte wie Schanghai. Auch in China sind die Unterschiede zwischen Stadt und Land gewaltig – zwischen den Lebensweisen liegen Jahrhunderte. Später treffe ich Menschen in der Inneren Mongolei und Uiguren an der chinesischen Grenze. Sie leben in Dörfern ohne Strom, Millionen Menschen, auch alte, unter ärmlichsten Bedingungen. Wie kann das sein? Wohin wird das führen? Wird die verarmte Landbevölkerung sich irgendwann auf den Weg nach Schanghai machen? Niemals zuvor in der Geschichte hat es innerhalb einer Generation vergleichbare Unterschiede und Sprünge in der Entwicklung gegeben. Der technologische Fortschritt und die Zunahme des Wissens verbessern die Lage von Hunderten von Millionen Menschen weltweit. Aus den resultierenden Veränderungen erwachsen aber auch enorme Spannungen und Belastungen für Mensch und Natur.

Die Politik, die Staaten und Kulturen werden neue Antworten finden müssen, zum Beispiel für das Zusammenleben in Familienverbünden, die Gestaltung des Generationenverhältnisses und die Verteilung der Verantwortung zwischen Jung und Alt.

Im Jahr 2015 hat die Weltgemeinschaft einen Durchbruch erreicht. In diesem Jahr haben 195 Staaten der Welt dem Pariser Klimavertrag zugestimmt. Im September desselben Jahres wurde mit den 17 Nachhaltigkeitszielen der UN außerdem eine weltweit verbindliche Agenda für eine nachhaltige Entwicklung verabschiedet. Es geht um die Weitergabe des Lebens, der Erfahrung und des Wissens an die Kinder und Kindeskinder. Auch die *Sustainable Development Goals* (SDG) sind zukunftsorientiert, es geht um den Erhalt der Umwelt für die nachfolgenden Generationen und ein Leben in Würde für alle Menschen. Die Weltgemeinschaft weiß und hat formuliert, was sie will und was notwendig ist. Auch wenn noch viele Fragen im Detail zu klären sind und es alles andere als sicher ist, dass wir das Ziel tatsächlich erreichen werden. Denn Worte und Erklärungen sind das eine, Umsetzung in die Realität ist das andere.

Die 17 SDG spannen einen weiten Bogen auf. Im Einzelnen geht es um die Überwindung von Armut, die Sicherung von Ernährung und Gesundheit, um hochwertige Bildung, die Gleichstellung der Geschlechter, um sauberes Wasser und Sanitärversorgung, bezahlbare und saubere Energie, menschenwürdige Arbeit und wirtschaftliches Wachstum, um eine stabile Infrastruktur, nachhaltige Industrie und Innovation, weniger Ungleichheit, nachhaltige Städte und Siedlungen, verantwortungsvolle Konsum- und Produktionsmuster, Klimaschutz, Erhalt der Ozeane und der Vielfalt der Natur an Land, friedliche und inklusive Gesellschaften, um Rechtsstaatlichkeit sowie globale Partnerschaften.

Diese *Sustainable Development Goals* gilt es nun zu erreichen. Die Agenda trat am 1. Januar 2016 in Kraft und hat eine Laufzeit von 15 Jahren, weshalb der Zielkatalog auch Agenda 2030 genannt wird. Niemand macht sich Illusionen, dass dies ein Spaziergang werden wird. Ein Beispiel: Das Ziel Nummer 8 heißt: »menschenwürdige Arbeit und wirtschaftliches Wachstum«, das Ziel Nummer 13 lautet: »Maßnahmen zum Klimaschutz«. Die Konflikte zwischen diesen beiden Zielen sind offensichtlich.

Ein weiteres, erhebliches Defizit der Agenda 2030 besteht darin, dass die Zuständigkeiten bei der Umsetzung nicht geregelt sind. Verabschiedet von den Staaten der Welt und somit von der Politik wird nirgendwo gesagt, wer die Ziele umsetzen soll. Ist jedes Land nur für sich selber verantwortlich oder müssen die Staaten auch außerhalb des eigenen Territoriums aktiv werden? Liegt die Verantwortung bei der Politik oder sind auch andere Akteure gefragt? Insofern besteht auch keine rechtliche Verpflichtung, die jemand einklagen könnte. Darüber hinaus gibt es auch keine Sanktionsmechanismen, die greifen würden, sollte sich herausstellen, dass die Ziele nicht erreicht werden. Aber das darf keine Ausrede sein, wir müssen jetzt handeln und weiter vorausgehen.

Vor allem die zentrale Finanzierungsfrage der Agenda 2030 hat die Weltgemeinschaft weitgehend offengelassen. Auf der UN-Konferenz zur Entwicklungsfinanzierung, die im Juli 2015 in Addis Abeba stattfand, wurde die Finanzierungslücke auf jährlich 800 bis 1200 Milliarden US-Dollar beziffert. Nicht einmal ein Fünftel davon wird heute durch öffentliche Mittel abgedeckt. Ein Großteil der benötigten Gelder wird deshalb vom Privatsektor kommen müssen.

Trotz all dieser Mängel ist die Tatsache, dass die Agenda 2030 überhaupt zustande gekommen ist, ein großer Fortschritt. Vom Brundtland-Bericht aus dem Jahr 1987 zu den SDG von heute war es ein weiter Weg. Im Brundtland-Bericht *Our Common Future* ist die berühmte und bis heute gültige Definition des Begriffs Nachhaltigkeit enthalten: »Nachhaltige Entwicklung ist eine Entwicklung, die die Bedürfnisse der heutigen Generation befriedigt, ohne dabei die Möglichkeiten zukünftiger Generationen zu gefährden, ihre eigenen Bedürfnisse zu befriedigen.«

In dieser Definition sind (weltweite) wirtschaftliche Entwicklung einerseits und (weltweiter) Umweltschutz andererseits als zwei gleichberechtigte Anliegen formuliert. Sie enthält die Aufforderung an uns, die Grenzen der Ökosysteme zu achten, um auch unseren Kindern und Kindeskindern eine vielversprechende Entwicklung zu ermöglichen, aber genauso auch Gerechtigkeit und einen Ausgleich zwischen reichen und armen Staaten zu schaffen. Es geht also in zweifacher Hinsicht um Gerechtigkeit: diejenige zwischen Arm und Reich heute und diejenige gegenüber den zukünftigen Generationen.

Warum ist das erklärte Ziel der SDG, die Wirtschaft so zu gestalten, dass sie weder zulasten der Umwelt und der Ressourcen noch zulasten der sozialen Balance wirkt, so schwer zu erreichen? Eigentlich wäre es Aufgabe der Politik, den Ordnungsrahmen für die Wirtschaft so zu gestalten, dass es sich für Unternehmen rechnet, die Anliegen der Nachhaltigkeit zu verfolgen. Die Instrumente sind bekannt: Ge- und Verbote, finanzielle Anreize oder Querfinanzierung etc. Unter adäquaten Rahmenbedingungen hätten Unternehmen kein Problem damit, nachhaltig zu wirtschaften. Aus dem einfachen Grund, weil alle anderen es auch machen (müssten).

Unter den heutigen Konkurrenzbedingungen und bei den unterschiedlichen Interessenlagen der Staaten gelingt das aber leider nicht. Im Gegenteil, Unternehmen werden für nachhaltiges Verhalten eher bestraft, und kurzfristiges Agieren und Auslagern von Kosten (sogenannte Externalisierung) zulasten der Umwelt und/oder der Lebenschancen von Menschen wird im Wettbewerb häufig belohnt. Weil die internationalen Rahmenbedingungen unzureichend sind. Die Preise sagen nämlich nicht die ökologische und soziale Wahrheit, weder bezüglich des Umweltverbrauchs noch bezüglich der sozialen Folgen des Wirtschaftens.

Wenn zum Beispiel Schiffstreibstoffe und Flugbenzin im internationalen Verkehr nicht besteuert werden, darf sich niemand wundern, dass der Ausstoß von Schadstoffen und Klimagasen in diesem Bereich steigt. Wenn global agierende Konzerne sich durch Tricks ihrer Steuerpflicht entziehen, leben sie von den Steuern der mittelständischen Unternehmen und der Arbeitnehmer. Denn diese können nicht weglaufen. Irgendjemand muss schließlich dafür aufkommen, dass Straßen gebaut und Lehrer bezahlt werden. Amazon, Apple und andere sind Trittbrettfahrer des Systems, und das erschreckenderweise bis zum heutigen Tag völlig legal. Wenn jemand preiswerte T-Shirts anbieten kann, weil die Arbeiter in weit entfernten Ländern nur einen »Hungerlohn« erhalten, kann das auch die eigene Wettbewerbssituation verbessern. Damit nicht genug: Wenn ein Konkurrent im Markt erst einmal anfängt, sich so zu verhalten, verschärft er die Wettbewerbsbedingungen, und die anderen müssen häufig nachziehen, selbst wenn sie derartige Strategien und Methoden eigentlich ablehnen.

Mit der Agenda 2030 hat die Weltgemeinschaft zwar eine gute Orientierung, aber was nützen die schönsten Ziele, wenn die Rahmenordnung der Weltmärkte in eine falsche Richtung weist? Wir dürfen nicht naiv sein, nicht aus falsch verstandenem Idealismus Kraft und Geld an der verkehrten Stelle einsetzen. Wir dürfen auch nicht zu viel erwarten und müssen realistisch auf die Zusammenhänge blicken. Die vordringliche Aufgabe von Unternehmen besteht nun einmal nicht darin, die Welt zu retten, sondern im Wettbewerb zu bestehen und Geld zu verdienen. Es gibt allerdings auch viele positive Beispiele von sozial und ökologisch verpflichteten Unternehmen.

Das bereits erwähnte Bündnis für nachhaltige Textilien kann beispielhaft hierfür stehen. Es setzt auf freiwillige Maßnahmen im Sinne der Nachhaltigkeit. Mitgliedsunternehmen verpflichten sich, ökologische und soziale Standards einzuhalten, auch und gerade dort, wo sie es nicht müssen, etwa in Vietnam, Pakistan oder Bangladesch. Wenn die Verbraucher durch ihre Stimme und ihre Kaufentscheidung Druck in diese richtige Richtung ausüben, stärken sie den Erfolg des Bündnisses. Das Hauptziel muss es aber bleiben, die globalen Spielregeln insgesamt neu zu justieren und letztlich die heutige Logik des internationalen Handels, sprich die durch die Welthandelsorganisation (WTO) und andere internationalen Handelsabkommen gesetzten Rahmenbedingungen zu verändern. Nur so kann es gelingen, Trittbrettfahrer aus dem »Spiel« zu werfen.

Für die Ziele einer globalen Wirtschaft ist der Wettbewerb blind. Aus diesem Grund führt auch der Marktradikalismus in die Irre. Eine marktradikale Ökonomie endet in der Ausbeutung von Mensch und Natur. Der globale Markt braucht deshalb verbindliche globale Rahmenbedingungen zum Schutz von Mensch und Natur.

Im Kommunismus will die Politik mit planwirtschaftlichen Methoden die Wirtschaft führen, im Marktradikalismus agiert die Wirtschaft weitgehend ohne Regulierung durch die Politik. Nachhaltigkeitsanliegen bleiben dabei auf der Strecke. Beide Modelle können langfristig nicht funktionieren. Im Gegensatz zur Planwirtschaft ist ein leistungsfähiger Markt vor allem durch seine Innovationskraft in der Lage, erheblichen Wohlstand zu schaffen. Diese wird in Zukunft noch mehr gebraucht werden als schon in den letzten Jahrzehnten.

Eine Alternative zu den beiden beschriebenen Modellen ist eine weltweite ökosoziale Marktwirtschaft.

Ihre Wirkungsweise lässt sich am Beispiel der Entwicklung neuer Energiesysteme erläutern. Mit den heutigen, im Wesentlichen nach wie vor fossil gestützten Energiesystemen ist es unmöglich, für derzeit knapp acht Milliarden und in Zukunft zehn und mehr Milliarden Menschen ein Leben in Würde und (für die meisten auch nur bescheidenem) Wohlstand zu schaffen. Zumindest nicht innerhalb der Grenzen, die uns die Ökosysteme unseres Planeten setzen.

Der Gedanke der Nachhaltigkeit hat, wie bereits zuvor beschrieben, seinen Ursprung in der Forstwirtschaft. Ich bin mit der Landwirtschaft aufgewachsen, für uns war es selbstverständlich, dass man nicht mehr Holz schlagen kann als nachwächst. Also muss man den Wald auch pflegen. Die Begrenzung des mittelalterlichen Energiesystems, das wesentlich auf regenerative Quellen setzte – Wasserkraft, die Kraft der Tiere, aber eben auch Holz –, wurde überwunden, als es gelang, die »Tresore der Natur« zu öffnen und in großem Maßstab zu nutzen: nämlich die unterirdischen Lagerstätten von Kohle, Gas und Öl.

In Indien habe ich mit dem Energieminister ein Abkommen zum Aufbau einer Solarpartnerschaft geschlossen. Anschließend habe ich ihm – als symbolische Geste – eine Solartaschenlampe geschenkt. Daraufhin sagte er zu mir: Ihr Europäer, ihr Deutschen habt 60, 80, 100 Jahre lang und länger den Planeten ausgebeutet. Ihr habt euren Wohlstand auf der Basis fossiler Brennstoffe wie Öl, Kohle und Gas aufgebaut, euer Pro-Kopf-Ausstoß von CO_2 liegt um das Zehnfache höher als unserer in Indien. Jetzt schenken Sie mir eine Solartaschenlampe und sagen: Die Zukunft der Energiewirtschaft ist die Nutzung der Sonne. Aber wir haben Kohle. Kohle ist billig, im Land verfügbar, und deshalb müssen wir unsere Kohle nutzen. Meine Antwort war, dass wir genau das ändern müssen – durch Innovation, Partnerschaften und Rahmenbedingungen, die saubere, erneuerbare Energiequellen bezahlbar und wettbewerbsfähig machen.

In Marokko war dieser Ansatz erfogreich: Eines der modernsten und größten Solarkraftwerke, in dem auch die Speicherung von (Sonnen-)Energie schon Wirklichkeit ist, steht in Ouarzazate in der Wüste Marokkos – gebaut unter anderem mit deutschen Entwicklungsgeldern. Die Turbine kommt von Siemens, die 550 000 Solarspiegel kommen aus dem Bayerischen Wald. Durch derartige Innovationen kann Afrika 100 Jahre Entwicklung überspringen, auf fossile Energien verzichten und direkt zu den Erneuerbaren durchstarten. Genau dafür braucht man die Ideen der Ingenieure, Geldmittel zur Finanzierung und die Kraft der Märkte zur Realisierung.

An den Ingenieuren wird es nicht scheitern, sie haben die Einfälle. An den Märkten auch nicht, sie liefern zuverlässig die Innovationen für die wirtschaftliche Entwicklung. Aber die Rahmenbedingungen, die die Innovationen und Geldflüsse lenken, sind der kritische Punkt, damit die Entwicklung endlich in die richtige Richtung verläuft. Auch deshalb ist es so wichtig, dass die Preise die ökologische – aber auch die soziale – Wahrheit sagen. Ähnliches gilt für nachhaltige Mobilitätssysteme und Stadtentwicklung und eine Agrarwende von unten.

Starke Märkte, dazu Rahmenbedingungen mit sozialen und ökologischen Standards sowie technische und politische Innovationen – all das ist uns in Deutschland vertraut. Ausgangspunkt war die Industrialisierung im 19. Jahrhundert. Damals gab es weder Arbeitsschutz noch Sozialversicherung. Keine dieser Errungenschaften ist vom Himmel gefallen, sie alle wurden erkämpft. Ich denke an die Weber, die sich gegen die Textilbarone gewehrt haben, an die Gründung der Arbeitervereine, an die Bismarck'sche Sozialgesetzgebung. Ich denke auch an Ludwig Erhard, der uns die soziale Marktwirtschaft gebracht hat. Ludwig Erhard forderte: Wohlstand für alle! Die (weltweite) ökosoziale Marktwirtschaft erweitert sie um das Gebot, die ökologischen beziehungsweise planetaren Grenzen des Planeten zu achten, und sieht das Postulat von Ludwig Erhard nicht auf Deutschland beschränkt, sondern als Maxime für die ganze Welt.

Die ökosoziale Ordnung ist ein Erfolgsmodell, das Deutschland und Europa nach dem Zweiten Weltkrieg weit nach vorne gebracht hat. Das sollten wir uns klarmachen – und dafür einstehen, auch und gerade in einer Welt mit wieder aufkommendem Nationalismus, Protektionismus und Populismus.

Entscheidend für die Balance zwischen einer leistungsfähigen Wirtschaft, Solidarität mit den Schwachen und dem Schutz der Umwelt sind die Rahmenbedingungen der Märkte – damit folgt die ökosoziale Marktwirtschaft einem klassisch ordoliberalen Ansatz. Die Rahmenbedingungen sorgen dafür, dass gut verdienende Bürger und Unternehmen in angemessenem Umfang Steuern zahlen. Unternehmer wie Arbeitnehmer müssen gemeinsam, direkt oder indirekt, einen wesentlichen Teil der Finanzierung des Ausbildungs- und Sozialsystems leisten.

Wenn man die Wirtschaft so organisiert, dass alle Ziele in Balance gehalten werden, dann – und nur dann – schafft der Markt die Voraussetzungen für ein leistungsfähiges Gemeinwesen. Eigeninitiative wird belohnt, die Motivation in der Bevölkerung stimmt. Darauf müssen wir gerade in den Entwicklungsländern achten. Die Botschaft lautet: Du mit deiner eigenen Kraft kannst es schaffen. Wettbewerb und adäquate Rahmenbedingungen sind die Basis für weitere Entwicklungssprünge. Wenn die Balance stimmt, dann funktioniert auch die »unsichtbare Hand« von Adam Smith – sowohl im Sinne der Individuen wie auch der Gemeinschaft.

Gibt es etwas Besseres als Freihandel? Ja, besser als der Freihandel ist ein ökosozial gestalteter, also fairer Handel. Auf nationaler Ebene ist er die Regel. In funktionierenden Ländern wird zwischen Bundesländern oder Bundesstaaten gerade kein Freihandel betrieben, dort herrschen vielmehr wirtschaftliche Kooperation, Arbeitsteilung und adäquate Rahmenbedingungen – zu der auch die Solidarität und zum Beispiel bei uns der Länderfinanzausgleich gehören. In Familien, in der Nachbarschaft und in überschaubaren Regionen ist es selbstverständlich, dass der Starke Verantwortung für den Schwachen trägt und dass man sich um seine Nächsten kümmert.

Das Erfolgsmodell ist nicht der freie Markt, sondern ein Markt der Kooperation. Umweltschutz ist eine gemeinsame Aufgabe, und Querfinanzierung ein notwendiges Prinzip. Sie ist eine Voraussetzung für Frieden, Chancengleichheit und die Entfaltung der Potenziale aller Menschen, unabhängig von ihrer Herkunft und ihrer Hautfarbe. Wenn all das gut organisiert wird, profitieren alle, gerade auch die besonders Erfolgreichen und vom Leben Begünstigten.

Ein globaler ökosozialer Handel setzt letztlich einen Weltvertrag voraus. Dieser würde entsprechende Standards der Welthandelsorganisation WTO, des Internationalen Währungsfonds IWF und der Internationalen Arbeitsorganisation ILO beinhalten. Das ist eine schwierige Aufgabe – die Politik sollte aber endlich eine faire Gestaltung der Globalisierung zu einem ihrer wichtigsten Anliegen machen. Der faire Handel, wie ich ihn vorschlage, ist eine Art Blaupause für einen ökosozialen Handel auf globaler Ebene – wie er noch nicht existiert, aber wie er sein sollte.

Dazu ein Beispiel: Eine Erhöhung der Löhne der Näherinnen auf ein existenzsicherndes Niveau ist ohne Weiteres umsetzbar. Ich war in Textilfabriken in Pakistan, Bangladesch und Kambodscha. Die Jeans, wie wir sie hier im Geschäft kaufen, kostet dort fünf Euro. Hier in Deutschland beträgt der Ladenpreis 100 Euro. Wo bleiben die restlichen 95 Euro? Sie gehen an die großen Labels, die die Jeans produzieren lassen und dann bei uns auf den Markt bringen. Wobei etwa die Hälfte des Geldes letztlich an den Handel fließt, also zum Beispiel an die Boutiquen in Stadtzentren oder an Flughäfen. Würde nur ein zusätzlicher Euro von diesen 95 Euro an die Näherinnen in Bangladesch gehen, bekämen sie einen (zum heutigen Zeitpunkt) existenzsichernden Lohn. Sie könnten ihre Kinder zur Schule schicken und benötigte Medikamente kaufen. Das sicherzustellen ist nachhaltige Entwicklungspolitik. Und es sind erste Schritte in Richtung einer gerechten Globalisierung.

Auch auf internationaler Ebene hat sich viel getan. Nach der Finanz- und Wirtschaftskrise von 2008/2009 hat der Marktradikalismus als Paradigma an Strahlkraft verloren. Heute fordert die OECD, die

Organisation der reichen Länder, eine *green and inclusive economy*. Ähnlich äußern sich UN, WTO und Weltbank. Das internationale Weltwirtschaftsforum in Davos hat Anfang 2017 neben Umweltrisiken die sich immer weiter öffnende Schere zwischen Arm und Reich als größte Bedrohung des offenen Weltwirtschaftssystems identifiziert. Das neue Dogma lautet: Nicht Wirtschaftswachstum per se ist wünschenswert, sondern nur solches, das von vornherein eine gerechte Verteilung der Zugewinne sicherstellt und mit dem Schutz vom Umwelt und Klima einhergeht.

Wie bei der Agenda 2030 ist es allerdings auch hier so, dass die Weltgemeinschaft auf der Ebene der Worte deutlich weiter ist als auf der Ebene der Taten. Auch wenn wir in Europa bereits viele Erfahrungen mit einer ökosozialen Marktwirtschaft oder *green and inclusive economy* gesammelt haben, sind die Verhältnisse auf globaler Ebene noch weit davon entfernt. Die heutige Regulierung entspricht noch weitgehend der Logik der Zeit vor der Weltfinanzkrise 2008/2009.

Mehr noch: Wichtige aktuelle Trends laufen einer ökosozialen Entwicklung diametral entgegen. Dazu zählt die zunehmende soziale Spaltung. In Indien, in Mexiko oder in einigen afrikanischen Staaten sind superreiche Eliten entstanden. Demgegenüber stehen breite Schichten, die immer ärmer werden. Daraus entstehen enorme Spannungen.

Etwa die Hälfte der globalen Wertschöpfung geht heute auf das Konto von multinationalen Konzernen. Die meisten Zentralen befinden sich in den USA, Japan oder Europa. Von dort aus verlagern sie ihre Produktion in die Entwicklungsländer. Dort herrschen Arbeitsbedingungen wie im Europa des 19. Jahrhunderts, ohne existenzsichernde Löhne, ohne Arbeitszeitregelung, ohne medizinische Versorgung. Ebenso fehlt jeglicher ökologische Mindeststandard, wenn man an die Verhältnisse in den Coltan-Minen in Kongo denkt oder an die Ölförderung in Nigeria. All das sind die Folgen einer fehlgeleiteten Globalisierung.

Im Zeitalter der Digitalisierung, der offenen Rechnungslegung, auch im steuerlichen Sinne, und der stärkeren Betonung der Transparenz haben wir mittlerweile eine Chance, die multinationalen Konzerne zu verpflichten, ihre Steuern zu zahlen. Damit können wir heute im Rahmen der G-20 anfangen – und darüber hinaus die gesamten Wertschöpfungsketten zertifizieren und kontrollieren. Dadurch ergeben sich neue Möglichkeiten, dem globalen Markt Regeln zu geben, soziale und ökologische. Unter den heutigen schwierigen Bedingungen ist in diese Richtung bereits einiges erreicht worden. Aber immer noch liegen die größten Herausforderungen vor uns.

Wie lang der Weg zu einer globalen ökosozialen Marktwirtschaft noch ist, soll ein Beispiel erläutern. Bisher haben die Staaten keinen gemeinsamen Mechanismus gefunden, um so etwas wie eine soziale Mindestversorgung zu gewährleisten, mit der man den weltweiten Hunger besiegen könnte. Die SDG sprechen das Problem deutlich an, aber sie sagen nicht, wie es gelöst werden soll, und vor allem nicht, woher die finanziellen Mittel kommen sollen. Im Moment wären etwa 50 Eurocent pro Kopf und Tag für die Ärmsten der Armen erforderlich, das heißt für etwa eine Milliarde Menschen. Dabei geht es im Grunde um überschaubare Summen – weltweit vielleicht 200 Milliarden US-Dollar pro Jahr. Zum Vergleich: 1700 Milliarden US-Dollar werden jedes Jahr weltweit für Militär und Rüstung ausgegeben.

Ein soziales Minimum würde sofort Geschäftsmodelle verhindern, die auf sklavenartiger Kinderarbeit basieren und sich heute rechnen. Sie wären nicht mehr tragfähig. Wenn Eltern die Garantie für eine minimale soziale Versorgung hätten, vorausgesetzt, dass sie ihre Kinder in die Schule schicken statt in die Fabrik, wären wir ein gutes Stück weiter.

Die neue soziale Frage stellt sich im heutigen Zeitalter der Globalisierung im Verhältnis der Staaten untereinander und bezüglich ihrer Steuer-, Sozial- und Ökosysteme. Wir haben in Deutschland und im europäischen Binnenmarkt ein weltweit vorbildliches System ökologischer und sozialer Standards. Vergleichbare Mindeststandards für Produkte und Dienstleistungen, die wir hier nutzen, sollten auch in Entwicklungs- oder Schwellenländern gelten, um den Menschen dort ebenfalls ein Leben in Würde zu ermöglichen und den Schutz der Umwelt für zukünftige Generationen zu gewährleisten. Ein solcher Ansatz scheitert bisher an den erheblichen finanziellen Transfers, die in die Entwicklungs- und Schwellenländer fließen müssten.

Das Textilbündnis ist ein gutes Beispiel für fair organisierte Wertschöpfungsketten. Von der Baumwollproduktion in Burkina Faso über die Verhältnisse in der Kleiderfabrik in Bangladesch bis zum Verkauf des Endprodukts in Deutschland gelten ökologische und soziale Standards. Existenzsichernde Löhne, keine Kinderarbeit, Arbeitsschutz und soziales Mindestrecht, ebenso ökologische Mindestanforderungen. So zum Beispiel beim Einsatz von Chemikalien und bei der Klärung von Abwässern. Wir dürfen nicht Höchststandards bei uns zur Regel machen und dann nach Verlagerung der Produktion in Entwicklungsländer die dortige Ausbeutung von Mensch und Natur akzeptieren und dort Standards massiv unterlaufen, die bei uns selbstverständlich sind.

Arm und Reich

- Eine wachsende Kluft zwischen Arm und Reich ist die Ursache für viele Krisen, Konflikte und Kriege.

- Erst eine balancierte Verteilung von Einkommen und Wohlstand macht Gesellschaften leistungsfähig und stabil und gibt so auch dem Einzelnen die Chance, sich zu entfalten. Letztlich profitieren alle davon.

- Das gilt für industrialisierte Länder ebenso wie für Schwellen- und Entwicklungsländer. Die soziale Kluft ist in Ländern mit kolonialer Vergangenheit besonders groß, etwa in Brasilien. Noch stärker ist sie in Südafrika – eine schwere Hypothek für die weitere Entwicklung.

- Ein leistungsfähiges Bildungssystem und der Aufbau sozialer Grundsicherung sollten der Entwicklung aller dienen. Damit auch Kinder weniger begüterter Eltern die Chance auf sozialen Aufstieg haben, zum Vorteil der gesamten Gesellschaft.

- Um ein zu großes Auseinanderdriften von Arm und Reich zu korrigieren, ist eine progressive Besteuerung von Einkommen und Vermögen, und zwar der individuellen, weltweiten Einkommen und Vermögen, unerlässlich.

WIR LEBEN IN EINER ZEIT, in der die Kluft zwischen Arm und Reich weltweit wieder größer wird. Zehn Prozent der Menschen verfügen über 90 Prozent des Vermögens. In diesem Extrem haben sich groteske Verhältnisse entwickelt, wie die britische Hilfsorganisation Oxfam jüngst herausgestellt hat. Demnach sind acht Menschen auf der Welt ebenso reich wie die gesamte arme Hälfte der Menschheit. Aber auch innerhalb der reichen Länder hat die soziale Spaltung in den vergangenen Jahrzehnten zugenommen, wie die OECD immer wieder kritisch anmerkt.

Niemand hat ein Recht auf Wohlstand, aber jeder hat ein Recht auf ein Leben in Würde. Die Menschen haben einen ausgeprägten Gerechtigkeitssinn. Der Grad der Gleichheit oder Ungleichheit, insbesondere bei Einkommen und Vermögen, ist schon immer ein großes Thema gewesen. Ein Minimum an Verteilungsgerechtigkeit ist die beste Basis für eine zukunftsfähige Wirtschaft und ein friedliches Miteinander in der Gesellschaft.

Die Situation in Deutschland ist zufriedenstellend. Die Zahl der sozialversicherungspflichtig Beschäftigten ist während der vergangenen Jahre kontinuierlich gestiegen und hat zwischenzeitlich einen Höchststand erreicht. Die Einführung eines Mindestlohns war richtig. Und dennoch gibt es auch bei uns Schattenseiten. Ich kenne Frauen, die in ländlichen Regionen mit 450 Euro monatlich ihren Lebensunterhalt auf nicht mehr bewirtschafteten Bauernhöfen bestreiten müssen. Eine Frau hat mir jüngst gesagt: »Wenn ich nicht im alten Bauernhaus wohnen könnte, sondern Miete bezahlen müsste, könnte ich nicht überleben. Zum Sozialamt gehe ich nicht. Lieber esse ich nichts mehr. Ich weiß heute nicht, ob ich mir in der kommenden Woche 200 Gramm Wurst leisten kann.« Die Durchschnittsrente vieler älterer Menschen, und gerade von Frauen auf dem Lande, liegt bei 650 Euro. Auch bei uns leben viele in sehr bescheidenen Verhältnissen, trotz unserer umfassenden sozialen Grundsicherung.

Von Deutschland aus müssen wir den Blick nicht weit schweifen lassen – und die Verhältnisse werden schon deutlich schlechter. Ich denke zum Beispiel an die südeuropäischen Länder mit einer viel zu hohen Jugendarbeitslosigkeit von bis zu 50 Prozent. Nach Berechnungen der OECD hat die zunehmende Ungleichheit in 19 Industrieländern dazu geführt, dass deren Wirtschaft zwischen 1980 und 2010 um knapp fünf Prozent weniger gewachsen ist, als es bei gleich gebliebener Einkommensverteilung der Fall gewesen wäre. Der Grund ist, dass ein Großteil der Bevölkerung den Anschluss an den Rest der Gesellschaft verloren hat.

Ja, es gibt sie, die Verlierer der Globalisierung. Ein Teil der Bevölkerung kann und will die Globalisierung nicht verstehen und den Verlust der eigenen sozialen Stellung nicht akzeptieren. Es sagt sich so leicht, dass man neben der Muttersprache noch zwei weitere Sprachen sprechen soll. Und dass man mobil sein muss, um dem eigenen Arbeitsplatz hinterherzureisen. Das kann nicht jeder und das will nicht jeder, auch weil traditionelle Strukturen den Menschen Halt geben. Wir leben nicht primär, um zu arbeiten und Geld zu verdienen. Wir sind keine geborenen »Effizienzmaschinen« und »Bruttoinlandsprodukt-Vollstrecker«. Sinn finden die meisten Menschen nicht in ökonomischen Erfolgen, sondern in Familie, Kindern und Freunden. Wir können nicht Teile der Bevölkerung ausgrenzen, nur weil sie die moderne Technologie nicht beherrschen. Selbst auf dem Bau sagen mir Unternehmer, dass sie einen Menschen, der nicht mit einem Computer umgehen kann, nicht gebrauchen können. Das hat mich schockiert. Für mich ist auch der Schüler mit besonderem Förderbedarf, der nur das kleine Einmaleins beherrscht, ein vollwertiger Mitbürger und Teil der Gesellschaft.

Im Ruhrgebiet ist ein schwieriger Strukturwandel, nämlich die Schwerindustrie durch zukunftsfähige Branchen zu ersetzen, im Großen und Ganzen gelungen. Im amerikanischen »Rostgürtel« ist die Lage ganz anders. Es ist kein Zufall, dass in den OECD-Ländern mit der größten sozialen Ungleichheit, nämlich in den USA und in Großbritannien, die politischen Verhältnisse deutlich instabiler geworden sind. Dort gibt es inzwischen viele Menschen, die sich abgehängt fühlen und machtlos, die Gesellschaft selber noch mitbeeinflussen zu können. Die populistischen Bewegungen unterschiedlicher Couleur geben vor, die (nationale) Kontrolle wiederzugewinnen und den gewonnenen

Spielraum im Sinne der Zurückgebliebenen nutzen zu wollen. Diesen erscheint plötzlich die eigene nationale Demokratie als der einzige Ort, an dem ihre Stimme noch gehört wird – auch gegen die Interessen supranationaler Kräfte. Autokratische Systeme sind ebenfalls im Kommen, sie bedienen die Sehnsucht nach dem »starken Mann«, der die Dinge richten wird. Europa muss diese Warnung ernst nehmen.

Globale Zusammenhänge sind oft schwer zu durchschauen. Die Lebens- und Wirtschaftskreisläufe der unmittelbaren Nachkriegsgeneration waren diesbezüglich einfacher. Nie wieder Krieg – nie wieder Diktatur, dazu Frieden und Zusammenarbeit in Europa: Das war die politische Lehre aus Leid und Zerstörung. Wir haben Globalisierung in kleinen Schritten in Europa als Erfolgsgeschichte miterlebt. Deutschland wurde mit Gründung und Verwirklichung der EWG und danach im Rahmen der EU Teil der europäischen Gemeinschaft. Damit wurden wir Deutsche nicht nur aus der Isolation zurück in die Staatengemeinschaft geholt, wir profitierten und profitieren weiterhin wie kaum ein anderes Land vom großen europäischen Binnenmarkt. Dieser Weg der Internationalisierung der Märkte in Europa hat Synergien ausgelöst und gilt zu Recht als Erfolgsmodell, trotz der aktuellen Probleme der EU.

Warum sollte ein solcher Ansatz nicht global möglich sein? Blicken wir zurück in die Jahre 1989/90. Die Wiedervereinigung Deutschlands war auch eine Integrationsleistung, in diesem Fall sehr unterschiedlicher Wirtschafts- und Gesellschaftssysteme. Das planwirtschaftliche System der DDR war weder gerecht noch ökologisch. Ich habe den Gestank der alten Braunkohle-Kraftwerke und der Trabbis noch in der Nase. Heute haben wir höchste soziale und ökologische Standards in den neuen Bundesländern.

Ein weiteres eindrucksvolles Beispiel ist die gelungene Osterweiterung der EU um die zehn mittel- und osteuropäischen Staaten, ebenso die Süderweiterung. Das europäische Sozial- und Ökomodell von Polen bis Portugal ist eine Erfolgsgeschichte. Wo standen die Länder vor 30 Jahren und wo stehen sie heute? Einheitliche soziale Mindeststandards vom Mutterschutz bis zum Mindestlohn, von der Kranken-,

Unfall- zur Rentenversicherung schaffen nicht vollkommen gleiche, aber doch vergleichbare Standards. Ebenso die Umsetzung von Umweltgesetzen, die bezüglich der Mindestanforderungen von Sizilien bis Skandinavien einheitlich sind. Heute ist es in der EU meist nicht mehr attraktiv, die Produktion zum Beispiel von Deutschland nach Tschechien zu verlegen, um Standards zu unterlaufen. Und dennoch müssen nicht überall einheitliche Lebensbedingungen herrschen.

Die Phase der Transformation wurde unterstützt durch Transferzahlungen, ohne die eine solche Transformation nicht gelingen kann. Aus Struktur-, Sozial-, Kohäsions- und Agrarfonds wurden und werden Aufbau- und Anpassungszahlungen zur Umsetzung von Standards geleistet. Die reicheren EU-Staaten finanzieren die Transformations- und Entwicklungsleistungen der weniger reichen EU-Länder mit und erhalten dafür Zugang zu einem größeren Markt. Dies war und ist eine Win-win-Situation für alle. Es kam zu einem erheblichen Wohlstandsgewinn.

Wer heute Gewässer-, Luft- und Bodenqualität mit dem Zustand um das Jahr 1990 vergleicht, wird erkennen: Die EU ist weltweit ein ökosoziales Vorzeigemodell. Sozialer Ausgleich und Wohlstandsgewinn schaffen zugleich Frieden und Freundschaft unter den Völkern.

Leider ist Europa heute an einem Punkt angelangt, an dem die historischen Errungenschaften von zu vielen als selbstverständlich angesehen werden. Viele kritisieren, ohne die Geschichte und die Zusammenhänge zu kennen. Richtig ist aber auch, dass Harmonisierung europäischer Normen und Lebensweisen von Brüssel vielfach übertrieben und nationale und kulturelle Besonderheiten zu wenig respektiert werden. Gegenseitige Anerkennung gewachsener kultureller Gegebenheiten ist auch ein wichtiger Grundsatz des europäischen Erfolgsmodells.

Was sagt uns der europäische Weg? Reich unterstützt Arm, und beide gewinnen. Ich bin fest davon überzeugt, dass dieser Weg auch im globalen Dorf erfolgreich eingeschlagen werden kann. Globalisierung kann zum Nutzen aller sozial gerecht und ökologisch nachhaltig gestaltet werden.

Der Markt, ob für Finanz-, Güter- oder Dienstleistungen, braucht Regeln und Standards. Die totale Freizügigkeit ohne Grenzen für Personen, Dienstleistungen, Waren, Produktion und Handel schafft weder Gerechtigkeit, noch dient sie dem Schutz globaler Güter.

Freihandel allein führt an Standorten, die keiner Kontrolle unterliegen, zur Ausbeutung von Mensch und Natur. Wir sind alle gegen sklavenähnliche Kinderarbeit, und dennoch gibt es sie. Kinder arbeiten auf den Plantagen der Welt für unsere Baumwolle, Schokolade und unseren Kaffee.

Wie es uns in der EU gelungen ist, sollte es uns im globalen Markt gelingen, Märkte zu öffnen und Standards verbindlich zu machen. Schritt für Schritt sollten wir dies zur Grundlage des Handels und Wirtschaftens mit Entwicklungs- und Schwellenländern machen. Die Transformationssummen des europäischen Haushaltes zeigen allerdings auch, dass dem Entwicklungsetat national und europäisch eine andere qualitative und quantitative Bedeutung zukommen muss. Es ist nicht nachvollziehbar, dass nunmehr seit 30 Jahren um das 0,7-Prozent-Ziel gerungen wird.

Im Marshallplan mit Afrika zeigen wir auf, wie wir Europäer eine neue Erfolgsgeschichte der Entwicklung beider Kontinente gestalten können. Naheliegend ist eine schnelle Marktintegration der Maghreb-Staaten mit Europa, ebenso eine Neukonzeption der europäischen Nachbarschaftspolitik Richtung Osteuropa und Balkan.

Die Schere zwischen Arm und Reich darf sich nicht weiter öffnen. Auch nicht in den Entwicklungsländern. Vor allem in den rohstoffexportierenden Ländern, insbesondere in Subsahara-Afrika, herrschen Unzufriedenheit und Perspektivlosigkeit – ein Nährboden für politische Instabilität und Migration.

Eine wichtige Rolle kommt heute den globalen Finanzmärkten zu. Durch die Weltfinanzkrise 2008 wurde ein Mythos ad absurdum geführt: dass nämlich möglichst freie Finanzflüsse die Wirtschaft immer effizienter machen und dass der Finanzsektor das »allwissende« Gehirn der Menschheit sei. Nach rund 25 Jahren der Deregulierung führte die Finanzkrise die Welt an den Rand eines Abgrunds. Auf dem Weg dorthin haben einige Akteure im Zentrum des Weltfinanzsystems die anderen erfolgreich »ausgeplündert«. Die internationalen Finanzmärkte brachen schließlich selber ein und drohten, das Gebäude der Weltwirtschaft einstürzen zu lassen.

Ein Blick zurück. Erst nach der Aufkündigung des Bretton-Woods-Systems mit festen Wechselkursen der Währungen und Golddeckung im Jahr 1973 begann das Zeitalter, in dem das Zentralbankgeld seine physische Verankerung verlor und zum *fiat money* (Es werde Geld) wurde. Die Werthaltigkeit des globalen Geldsystems ruht einerseits auf der materiellen Absicherung von Krediten, andererseits wesentlich auf Vertrauen, auf »Treu und Glauben« der Marktteilnehmer, Geld zu akzeptieren. Mit dem Ende des Bretton-Woods-Systems begann die Phase des *deficit spending*, also der Verschuldung, insbesondere der öffentlichen Haushalte. Diese Zeit ist auch die Geburtsstunde der Investmentbanken. Vorher hatte das Bankensystem vor allem eine dienende Funktion gegenüber der Realwirtschaft. Das waren noch selige Zeiten ...

Die heutigen, spekulativ ausgerichteten Finanzmärkte einerseits, auf denen die Orders dem Millisekundentakt der Algorithmen gehorchen, und die hohe Ungleichheit andererseits sind letztlich zwei Seiten einer Medaille. Wenn sich die Einkommen bei den Superreichen konzentrieren, dann fließen sie – anders als die der weniger Begüterten – nicht in die Realwirtschaft zurück. Sie werden in Finanzwerte und Immobilien angelegt. Dadurch wächst die Gefahr von Finanzblasen.

Aus alldem folgt, dass wir den spekulativen Handel begrenzen sollten. Und zwar durch mehr Transparenz, durch Offenlegen von Risiken und durch Positionslimits beim Börsenhandel von Agrargütern. Ein besonders wichtiges Instrument ist eine Finanztransaktionssteuer. Gibt es einen triftigen Grund, warum die Veräußerung von Waren aller Art, von Dienstleistungen oder Immobilien mit Steuern bedacht werden – und ausgerechnet Finanzprodukte davon ausgenommen sein sollen? Eine Transaktionssteuer von 0,01 Prozent würde in Europa, neben mehr Transparenz, Erträge von 50 bis 80 Milliarden

Euro erbringen. Beginnen sollten wir in der Europäischen Union. Finanzminister Wolfgang Schäuble kämpft seit Langem dafür. Das Ziel muss eine weltweite Finanztransaktionssteuer sein.

Es muss Schluss sein mit spekulativen Finanzanlagen rund um den Globus, mit Steuerparadiesen, mit den heutigen Praktiken von multinationalen Konzernen zur Steuervermeidung! Ressourcen und Kapital müssen dorthin gelenkt werden, wo sie gebraucht werden – in die Realwirtschaft.

Denn wir stehen vor der größten Finanzierungsaufgabe in der Geschichte der Menschheit. Enorme Investitionen sind nötig, damit (bald) zehn Milliarden Menschen in Würde leben können und das Überleben der Ökosysteme des Planeten gesichert wird. In den nächsten Jahrzehnten wird mehr Infrastruktur gebraucht als bisher existiert: saubere Energien, öffentliche Transportsysteme, nachhaltige Stadtentwicklung und die Anbindung der ländlichen Räume. Dies gilt vor allem für Länder mit hohem Bevölkerungswachstum, allen voran in Afrika und Südostasien.

Nachhaltiges Wachstum

- Heutzutage gibt es eine große Kapitalschwemme. Diese Geldmengen sollten in die Realwirtschaft investiert werden, in innovative Technik und ressourceneffiziente Infrastruktur.

- Um Hunger und Armut zu bekämpfen, ist ein massives Wirtschaftswachstum erforderlich, gerade in den Entwicklungsländern. Dieses muss allerdings grün und inklusiv sein. Nur so ist eine friedliche Zukunft möglich.

- Die Länder des Südens brauchen große Mengen kostengünstig und umweltfreundlich erzeugter Energie.

- Auch in der Landwirtschaft steigt die Nachfrage permanent, während Ressourcen wie Boden und Wasser bereits knapp sind. Der Ausweg liegt in einer weltweiten Agrarwende.

- Die Urbanisierung produziert Slums. Die millionen- und milliardenfache Abwanderung vom Land in die Stadt ist kein Schicksal. Für viele Menschen wäre es besser, sie fänden eine Perspektive in ihrer Heimat – in ihrem Dorf.

AUCH IN CHINA, INDIEN UND IN DEN AFRIKANISCHEN LÄNDERN wünschen sich sehr viele Menschen ein eigenes Auto. Deutschland bietet ihnen seine komplette Fahrzeugflotte, von VW über Mercedes, BMW bis Porsche. In China ist Deutschland damit erfolgreich: In Peking, Schanghai und Guangzhou sieht man im Straßenverkehr die ganze Palette deutscher Automobile. In Indien oder Afrika hingegen können sich nur wenige Menschen so teure Autos leisten, dort fährt man, wenn überhaupt, Toyota oder Tata. Aber ob in chinesischen, indischen oder afrikanischen Megacitys, die Situation ist überall dieselbe: Die Autos stehen mehr, als sie fahren, es herrscht ein einziger Verkehrsinfarkt.

Hinzu kommt ein unerträglicher Smog, ob in Hanoi, verursacht von Tausenden Mopeds, oder in Delhi, wo die Luftqualität besonders schlecht ist. In Kairo mit dem Auto zu fahren, ist die Hölle. Ein Chaos, das sich kaum bewegt. Der Sicherheitsgurt wird eher selten genutzt, die Hupe dafür umso mehr. Taucht irgendwo im *Stop-and-go* auch nur eine kleine Lücke auf, stößt sofort ein Auto hinein. Ob dadurch eine Kreuzung verstopft wird oder andere Fahrzeuge blockiert werden, ist egal.

Der Verbrennungsmotor in Verbindung mit den heutigen Kraftstoffen ist für die schnell wachsenden Megacitys dieser Welt ebenso ungeeignet wie unsere Bauweise mit Glas, Beton und Stahl. Diese Baumaterialien verbrauchen viel zu viel Energie und Ressourcen. Während der kommenden Jahrzehnte werden Millionen Menschen in den Entwicklungsländern in die Städte strömen. Würden die Häuser, die sie benötigen, aus Beton gebaut werden, würden die globalen CO_2-Emissionen noch weiter steil ansteigen. Der westliche Bau-, Lebens- und Konsumstil kann nicht eins zu eins dorthin übertragen werden. Die Entwicklungsländer brauchen zwar dringend Wachstum, aber es wird ein anderes Wachstum sein müssen, als es bisher weltweit die Regel ist. Eines, das auf die wirklichen Bedürfnisse und Probleme dieser Länder abzielt und sich an Nachhaltigkeitszielen orientiert. Die zukünftigen Konsum- und Wirtschaftsmodelle müssen die jeweiligen kulturellen, sozialen und ökologischen Bedingungen berücksichtigen.

Global betrachtet sind wir in einer komplizierten Situation. Derzeit leben annähernd acht Milliarden Menschen auf dem Planeten. Davon hungern 800 Millionen. Eine weitere Milliarde ist chronisch mangelernährt. Insgesamt entspricht das etwa viermal der europäischen Bevölkerung. Außerdem wird die Weltbevölkerung in den nächsten Jahrzehnten noch einmal um drei Milliarden Menschen zunehmen. Auch diese zusätzlichen Bewohner des Planeten Erde werden Träume und Wünsche haben. Sie wollen nicht nur satt werden, sondern auch Fisch oder Fleisch essen. Sie wollen ihre Kinder in die Schule schicken. Sie möchten einen Kühlschrank, ein Smartphone und irgendwann vielleicht auch ein Auto. Und natürlich werden auch sie reisen wollen. Alle diese Wünsche erfordern Wachstum.

Der wichtigste Treiber dieser Entwicklung ist klar: die demografische Entwicklung, konkret das enorme Bevölkerungswachstum, insbesondere in Afrika. Deshalb sollte das wirtschaftliche Wachstum bevorzugt dort stattfinden.

In Zukunft benötigt die Welt mehr Nahrungsmittel, mehr Wasser, mehr Energie. Wenn von den zusätzlichen drei Milliarden Menschen »nur« zwei Milliarden Stadtbewohner werden, sprechen wir von 2000 neuen Millionenstädten. Mit allem, was dazugehört, Wohnungen, Schulen, Straßen und Verkehrsmitteln – eine unvorstellbare Herausforderung für die nächsten 30 Jahre.

Vor allem, da die Ökosysteme des Planeten bereits unter Stress stehen. Derzeit verbraucht die Menschheit mehr als eineinhalb Mal so viel Biokapazität, wie uns der Planet Erde zur Verfügung stellt. Wollte man in dieser Lage auf globales Wachstum verzichten, könnte der Kampf gegen Hunger, Armut und Migration nur durch massiven Verzicht im reichen Teil der Welt gelingen. Das hieße weniger oder gar keine Urlaubsreisen mehr, nur noch ein oder zwei Paar Schuhe für jeden, erheblicher Rückgang der Zahl der privaten Autos etc. Solch eine Entwicklung ist höchst unwahrscheinlich, politisch nicht durchsetzbar und deshalb nicht die Lösung. Eine massive Absenkung des Wohlstands in demokratischen Ländern ist so gut wie ausgeschlossen.

Die entwickelten und reichen Staaten ärmer zu machen, macht die wenig entwickelten und armen Staaten außerdem nicht reich. Im Gegenteil, die Industriestaaten müssen ihr Potenzial fair und innovativ nutzen, um die Entwicklungsländer als Partner zu stärken und gemeinsam Wachstum, insbesondere in den Entwicklungsländern, zu befördern. Dazu gehört natürlich auch, teilen zu lernen, den Innovations- und Wissensaustausch zu verstärken, Handel fair zu gestalten und in eine gemeinsame Zukunft im globalen Dorf zu investieren. Tun wir dies nicht, werden auch wir in den reichen Industriestaaten mit dramatischen Folgen im sozialen und ökologischen Bereich konfrontiert werden.

Die globale Wirtschaft ist in den vergangenen Jahren und Jahrzehnten gewachsen, auch zum Nutzen der weniger entwickelten Länder. So ist es seit 1990 gelungen, die Zahl der Hungernden um 200 Millionen zu senken, trotz steigender Weltbevölkerung. Das ist ein großer Fortschritt. Und trotzdem war die Verteilungswirkung des bisherigen ökonomischen Wachstums alles andere als gerecht. Sonst wäre es nicht dazu gekommen, dass zehn Prozent der Menschen über 90 Prozent des Vermögens verfügen. Das wirtschaftliche Wachstum ist also an der Mehrheit der Menschheit vorbeigegangen.

Deshalb plädieren die Vereinten Nationen mit ihren *Sustainable Development Goals* für eine *green and inclusive economy* und damit für eine ökosoziale Marktwirtschaft. Von einem inklusiven Wachstum sollen vor allem diejenigen profitieren, die heute wenig haben. Dadurch würden auch die Einkommensunterschiede geringer. Außerdem muss aus ökologischen Gründen alles dafür getan werden, dass das zukünftige Wachstum innerhalb der planetarischen Grenzen stattfindet. Also mit verkraftbaren Klimagasemissionen, einem Schutz der Ozeane und einer Begrenzung des Flächenverbrauchs. Die Vorgaben der Agenda 2030 zu erreichen, ist nur mit einem grünen und inklusiven Wachstum möglich.

Die Realität, wie sie sich uns heute präsentiert, ist allerdings ernüchternd: Höherer Wohlstand übersetzt sich überall auf der Welt in einen zu hohen Ressourcenverbrauch und hohe Klimagasemissionen.

Lösungen zu finden ist also alles andere als trivial. Notwendig sind neue Konzepte zukünftigen Wachstums, neue Formen des Wohlstands und dessen gerechte Verteilung. Für all dies braucht es einen langen Atem und einen gemeinsamen Willen für weltweites Handeln und Steuern.

Es stellt sich die Frage, wie soziale und insbesondere ökologische Nachhaltigkeit und massives wirtschaftliches Wachstum zusammenpassen. Eine Antwort darauf lautet: durch neue Energiesysteme auf regenerativer Basis, eine weltweite Agrarwende und, nicht zuletzt, über eine massive Steigerung der Ressourceneffizienz. Bei Energie geht es um einen Wechsel von fossilen hin zu erneuerbaren Energiequellen und um eine Erhöhung der Energieeffizienz. Bei mineralischen Ressourcen wie Metallen ist die Rückgewinnung am wichtigsten, hinzu kommen auch hier Effizienz und Substitution. Auch beim Wasser ist Rückgewinnung ein großes Thema, außerdem geht es um nachhaltige Produktionsformen in der Landwirtschaft, insbesondere zum Schutz von Wasserressourcen und Böden.

Innovation ist der Schlüssel. Wer dabei aber nur an Technik denkt, denkt zu kurz. Die soziale und kulturelle Seite ist ebenso wichtig. Selbst in afrikanischen Dörfern habe ich Satellitenschüsseln gesehen, über die die Bewohner mit unserem Reality TV und amerikanischen Soaps berieselt werden. Das kann es nicht sein. Wir brauchen eine Technik und Inhalte, die an die jahrhundertealten Kulturen, Sprachen, Verhaltensmuster und Lebensgewohnheiten der Menschen dort anknüpfen.

Keiner hat alle Antworten und Lösungen. Aber so viel ist klar, unser Wachstum in den entwickelten Ländern kann nicht das Wachstumsmuster für den Planeten sein. Dann nämlich würden alle ökologischen Grenzen gesprengt werden. Weil die Herausforderungen so groß sind, sollte unser Denken ebenfalls weit ausgreifen. Im Folgenden geht es um einige der wichtigsten Aktionsfelder der Zukunft und um Ansätze, die in die richtige Richtung weisen.

Beispiel Energie. Wüsten mit hoher Sonneneinstrahlung und mit viel Wind bieten beste Voraussetzungen, um erneuerbare Energie zu gewinnen. Von allen Wüsten der Welt ist die Sahara die mit Abstand geeignetste, weil sie über die größten Potenziale verfügt: ganztägig Sonne, fast 365 Tage im Jahr und sehr viel ungenutzte Fläche.

Ich habe bereits von meinem Besuch im marokkanischen Solarkraftwerk nahe der Stadt Ouarzazate berichtet. Es ist das größte seiner Art. Die erste Ausbaustufe ist im Februar 2016 ans Netz gegangen. Auch die Region, in der das Kraftwerk gebaut wurde, profitiert davon. So wurde zum Beispiel die Fläche, auf der die Solarpaneele stehen, von einem lokalen Stamm gekauft. Der Erlös wurde weitgehend für Schulen, Gesundheitseinrichtungen und Straßenbau verwendet. Der überwiegende Teil der Beschäftigten des Solarkraftwerks kommt aus Marokko und mehr als ein Drittel aus den umliegenden Dörfern. Deswegen hat es kaum Proteste gegen das Bauvorhaben gegeben, im Gegenteil, der Zuspruch ist mittlerweile sehr hoch. Die Mitarbeiter im Kraftwerk sind angesehen. Denn jeder weiß, wie wichtig die Energieerzeugung im Land ist. Ouarzazate ist ein guter Ausgangspunkt für die weiteren Entwicklungen.

Noch ist Marokko zu mehr als 90 Prozent auf Energieimporte angewiesen, das gilt vor allem für Kohle und Öl. Gleichzeitig macht das Land mit der Entwicklung von regenerativ erzeugtem Strom – Sonne, Wasserkraft und Wind – erhebliche Fortschritte. Von 2009 bis 2015 ist der Anteil der erneuerbaren Energie an der Stromerzeugung von vier auf 19 Prozent gestiegen. Bis zum Jahr 2020 soll sich dieser Anteil noch einmal mehr als verdoppeln. Damit würde das Land annähernd die Hälfte seines Stroms aus regenerativen Quellen beziehen. Solarstrom ist bei den schier endlosen Sonnenstunden in der Wüste unschlagbar günstig. Marokko spart dadurch Hunderte von Millionen Euro für fossile Brennstoffe und hat mit dem bisher geplanten Ausbau sein Potenzial für Solarenergie noch lange nicht ausgeschöpft. Das bisherige Programm betrifft nur einen Bruchteil der gesamten marokkanischen Wüstenflächen.

Mit der heute verfügbaren Technik kann eine quadratische Fläche in der Wüste mit einer Kantenlänge von 500 Kilometern bereits die Hälfte der bis 2050 prognostizierten Stromnachfrage liefern – und zwar weltweit! Eine solche Fläche könnte Marokko theoretisch alleine zur

Verfügung stellen – ohne die anderen Sahara-Anlieger. Das Beispiel zeigt, welch unglaubliches Potenzial in der Nutzung der Sonne liegt.

Denkt man den Einsatz der Solar- und Windenergie in der Sahara und in anderen Wüsten im großen Maßstab weiter, braucht es viele Kraftwerke wie in Ouarzazate, dazu Speichertechnik und Wasser aus Meer- und Grundwasserentsalzungsanlagen, das nicht nur für die Landwirtschaft genutzt werden kann, sondern auch für Aufforstprogramme, unter anderem zur Bindung von CO_2. Degradierte Böden in der Wüste können begrünt und landwirtschaftlich genutzt werden. Die einhergehende verstärkte Humusbildung hat ebenfalls den positiven Effekt, CO_2 zu binden. Energie aus der Wüste ermöglicht zudem eine Industrialisierung auf regenerativer Basis – für die Produktion von Baumaterial wie Beton, Stahl oder Glas. Zugleich wird Holz als Bauträger ebenfalls eine große Bedeutung gewinnen. Energie ist oft der Schlüssel zur Bereitstellung von Wasser. Sind Energie und Wasser vorhanden, kann man mittels Elektrolyse Wasserstoff herstellen, der in Verbindung mit CO_2 zu Methanol, also Alkohol wird. Flüssiger Alkohol ist ebenso leicht zu transportieren wie Öl und nach weiteren Verarbeitungsschritten vielfältig als Kraftstoff einsetzbar.

Die Technik für eine solche Entwicklung ist vorhanden. Entscheidend sind die politischen und wirtschaftlichen Rahmenbedingungen, um den Prozess anzustoßen. Wir brauchen mehr Pioniergeist, Mut und Entschlusskraft, um in Forschung, Entwicklung und Umsetzung zu investieren, dabei müssen auch bestehende Lobbyinteressen überwunden werden.

Ein weiterer Schwerpunkt für eine nachhaltige Zukunft ist eine weltweite Agrarwende. Die Landwirtschaft bildet die Grundlage unserer Ernährung. Ohne Pflanze kein Leben, ohne sichere Ernährung keine Zukunft und keine wirtschaftliche und gesellschaftliche Entwicklung. Ohne sichere Ernährung kein Frieden. Das gilt insbesondere für Entwicklungsländer. Sie können und sollen sich selber ernähren.

Der Schlüssel für die Agrarwende ist die Entwicklung des ländlichen Raums. Etwa 80 Prozent der Landwirtschaft in Entwicklungsländern liegen in den Händen von Kleinbauernfamilien. Hier gilt es anzusetzen – mit neuen Formen der Kooperation, funktionierenden Genossenschaften, auch mit kleinen und mittelgroßen Unternehmen und mit verbesserten Bewirtschaftungsmethoden. Voraussetzungen dafür sind politische Teilhabe, Eigentum an Land und Boden für Bäuerinnen und Bauern, Eigenverantwortung und mehr internationale Zusammenarbeit. Also das Gegenteil von Landwirtschaft in industriellem Maßstab. Künftig geht es nicht um Monopole und Größe, sondern um Vielfalt und Kooperation.

In Kenia, außerhalb von Nairobi, habe ich die Firma Kevian besucht. Sie produziert Säfte aus heimischen Früchten, zum Beispiel Mangos. Im Hof der Fabrik lagerten Tonnen davon. Frauen sortierten sie und bereiteten sie für die Entsaftung vor. Unsere Gruppe wurde dann, mit weißen Kitteln und Hauben ausgestattet, durch die blitzsauberen Produktionshallen geführt. Es war wirklich beeindruckend zu sehen, wie hier mit einer in Deutschland gefertigten Hightech-Anlage Saft produziert wird. Mangos können, wenn sie einmal reif sind, nur etwa eine gute Woche lang verarbeitet werden. Die Früchte sind sehr empfindlich und verfaulen schnell.

Fast immer, wenn ich in Afrika unterwegs bin, sehe ich Frauen, die an der Straße ihre Produkte anbieten. Im Senegal ist dies so oder in Mali. Dabei ist die Mango nur eine Frucht unter vielen. Oft verkaufen die Frauen ihre Ernte zu einem lächerlich geringen Preis. Im Grunde verschenken sie das, was sie mit viel Einsatz gepflanzt und großgezogen haben – und zwar aus dem einfachen Umstand heraus, dass die Produkte bei den hohen Temperaturen schnell verrotten und an Wert verlieren. Techniken, mit deren Hilfe landwirtschaftliche Erzeugnisse verarbeitet und damit haltbar gemacht werden können, bieten hier also eine echte Problemlösung an. Das gilt nicht nur für Feldfrüchte, sondern auch für tierische Produkte. Wer jemals gesehen hat, wie Rindfleisch bei 30 oder 40 Grad Celsius auf einem afrikanischen Markt angeboten wird, nämlich unter einer Wolke von Fliegen, der weiß, wie wichtig es ist, Fleisch oder Milch zu kühlen und zu vakuumieren.

Rund um die Firma Kevian leben mehrere Hunderttausend Bauern, die ihre Produkte zur Weiterverarbeitung in die Entsaftungsanlage bringen. Aus Mangos werden Mangosäfte, aus Tomaten wird Ketchup. Damit haben die Bauern ein sicheres Einkommen. Angefangen hat Kevian mit dem Abfüllen von Wasser in Plastikflaschen. Als dann die multinationalen Konzerne in den Markt einstiegen, war für die kenianische Firma nichts mehr zu holen. Dann kam die Idee der Verarbeitung der Früchte auf. Das größte Hindernis war die Beschaffung von Kapital. Schließlich hat Kevian von der deutschen KfW Entwicklungsbank ein zinsverbilligtes Darlehen erhalten, heute zahlt die Firma es zurück. Das Risiko für die KfW ist gering, denn die Säfte sind hochwertig und finden ihre Abnehmer, selbst in Europa. So wurde mit einem Kredit von sieben Millionen Euro eine Existenzbasis für mehr als 100 000 Bauernfamilien geschaffen. Die Maschinen der Saftfirma kommen übrigens aus Deutschland. Ein Beispiel für eine erfolgreiche Win-win-Investition.

Beim Thema Verpackung steht Afrika auf dem Niveau vom Europa der 1960er-Jahre. Was bei uns mittlerweile oft des Guten zu viel ist – Beispiel: Millionen Kaffeebecher »to go« –, ist in Afrika existenziell wichtig. Ich habe Molkereien besucht, in denen erstmals Butter produziert und der erste Joghurt abgepackt wurde. Ich bin davon überzeugt, dass die Verpackungsindustrie in den Entwicklungsländern boomen wird. Weil sie gebraucht wird. Die Nachfrage ist da, auch weil die Bevölkerung wächst. Landwirtschaftliche Produkte zu haltbaren und damit werthaltigen Produkten zu machen – diese Geschäftsidee sollte hundert- und tausendfach in Afrika und Indien umgesetzt werden. Damit nicht bis zu 50 Prozent der Ernte wie in Indien verloren gehen. Damit die Menschen satt werden. Damit die Wertschöpfung im Land bleibt. Damit Arbeits- und Ausbildungsplätze entstehen. Damit die Produkte nicht nur auf den eigenen, sondern auch auf den internationalen Märkten Abnehmer finden. Auch das ist grünes Wachstum.

Dabei geht es nicht nur um die Haltbarmachung von landwirtschaftlichen Erzeugnissen, auch die Produktion selber kann und muss deutlich ausgeweitet werden. Das Potenzial ist vorhanden. Heute liegen die durchschnittlichen Erträge der afrikanischen Landwirtschaft bei 0,3 bis 1,5 Tonnen Getreide pro Hektar. In Deutschland dagegen werden auf vergleichbaren Böden fünf bis acht Tonnen pro Hektar geerntet.

Die grüne Revolution der Vergangenheit hat zu einseitig auf die Ausweitung der Produktion gesetzt, die häufig zulasten der Natur und der Gerechtigkeit ging. In ihrer jetzigen Form »plündert« die Landwirtschaft in vielen Ländern wie kein anderer Wirtschaftszweig: Artenvielfalt geht verloren, Böden degradieren, Wasserressourcen werden vergeudet, Wälder werden gerodet. In vielerlei Hinsicht ist die bestehende Landwirtschaft nicht nur in vielen Entwicklungsländern zu ineffizient. Zu viele natürliche Ressourcen gehen auf dem Weg vom Acker bis zum Teller verloren. Jetzt gilt es, Fortschritt und Innovation nicht nur in den Dienst einer produktiven, sondern zugleich einer umweltgerechten und ressourcenschonenden Landwirtschaft zu stellen.

Ganz im Sinne der Agenda 2030. Die Weltgemeinschaft hat sich mit den SDG äußerst ambitionierte Ziele gesetzt. Erstmals geht es nicht mehr (nur) um die Eindämmung von Hunger, sondern um seine vollständige Überwindung – ohne den Planeten weiter zu strapazieren. Zwei Ziele der Agenda 2030 sind besonders wichtig:

- Ziel 2: Den Hunger beenden, Ernährungssicherheit und eine bessere Ernährung erreichen und eine nachhaltige Landwirtschaft fördern (bis 2030).
- Ziel 15: Landökosysteme schützen, wiederherstellen und ihre nachhaltige Nutzung fördern, Wälder nachhaltig bewirtschaften, Wüstenbildung bekämpfen, Bodenverschlechterungen stoppen und umkehren und die Biodiversitätsverluste stoppen (bis 2030).

Während der vergangenen 50 Jahre hat sich die weltweite Produktion von Agrargütern fast verdreifacht. Diesen Weg müssen wir weitergehen. Bis zur Mitte des Jahrhunderts brauchen wir eine erneute Steigerung um etwa 60 Prozent. Nicht nur, weil die Weltbevölkerung zunimmt, sondern auch, weil die Ansprüche der globalen Mittelklasse steigen.

Die Chinesen werden sich nicht mehr mit Reissuppe zum Frühstück begnügen, wie es lange Tradition war und zum Teil heute noch ist. Auch sie fragen zunehmend Käse, Fleisch und Fisch nach. In der Folge wächst auch die Nachfrage nach Futtermitteln. Da Gleiches auch für Biokraftstoffe und Baumwolle gilt, herrscht heutzutage selbst auf dem Acker Konkurrenz – zwischen Nahrungsmitteln, Futtermitteln, Energielieferanten und nachwachsenden Rohstoffen. Dabei wird für die Steigerung der Gesamtproduktion nicht mehr Fläche pro Kopf zur Verfügung stehen, sondern weniger. Beim Wasser ist es ähnlich. Vielerorts fallen die Grundwasserspiegel, viele Flüsse sind in einem unglaublichen Maße verschmutzt, etwa in Kathmandu (Nepal) und Dhaka (Bangladesch).

Zugleich stellt der Klimawandel die Bauern vor große Probleme. Wir wissen zwar, dass es global wärmer wird, aber detaillierte Informationen zu lokalen und regionalen Veränderungen des Klimas, der Temperaturen und Niederschläge gibt es bislang kaum. Deshalb muss die Landwirtschaft, vor allem in Entwicklungsländern, flexibel auf Unvorhergesehenes reagieren und Krisen abpuffern können. Dazu gehören beispielsweise ein regionales Wassermanagement, die Anlage von Terrassen, Waldschutz und Aufforstung. Auch Züchtung und Verbreitung leistungsfähiger und widerstandsfähiger Sorten spielen in diesem Zusammenhang eine wichtige Rolle.

Die Modernisierung der Landwirtschaft wird zum Motor für Produktionsfortschritte, auch und gerade im ländlichen Raum. In der Vergangenheit wurde Landwirtschaft vor allem durch ein Mehr an Fläche, Energie für den Traktor, Wasser und Dünger produktiver. Nur etwa zehn Prozent des Zuwachses an Produktivität gingen auf Innovationen zurück, sprich neues Wissen sowie technische und organisatorische Neuerungen. Heute geht etwa die Hälfte der Produktivitätssteigerung auf das Konto dieser Innovationen. Und der Trend wird sich fortsetzen, vor allem in den Entwicklungsländern.

Gerade Kleinbauern können rasch produktiver wirtschaften. Indem sie sich Wissen aneignen, die Märkte besser verstehen, Kenntnisse über Saatgut, Dünger und Landmaschinen erwerben. Weitere Ansatzpunkte sind bessere Organisation, breitere Kooperation, einfacherer Zugang zu Kapital, bessere Infrastruktur (inklusive Kühlketten) und geringere Verluste bei der Ernte. Konkret heißt das: Die Menschen brauchen Bildungseinrichtungen, Straßen zur Anbindung an die Märkte und Energie, um die Produkte zu kühlen, zu trocknen, zu verarbeiten oder um Zugang zu Wasser zu erschließen. Nichts spricht dagegen, dass in kleinen Betrieben ebenso große Hektarerträge erzielt werden können wie in der industriell organisierten Landwirtschaft, vor allem, wenn sich die kleineren Betriebe genossenschaftlich organisieren. Letztlich müssen sie alle beteiligt sein: Millionen von Kleinbauern, Lebensmittelverarbeiter, Händler, Finanzdienstleister und Handwerker. Das betrifft auch oder sogar in ganz besonderer Weise Frauen. In Entwicklungsländern sind 43 Prozent der landwirtschaftlichen Arbeitskräfte weiblich, im südlichen Afrika sogar 50 Prozent.

Der Sprung von der Subsistenzwirtschaft zur Marktproduktion ist möglich. Die Afrikanische Union sagt es so: Ziel ist ein Afrika »mit einer modernen Landwirtschaft für höhere Produktion, Produktivität und Wertschöpfung, die zu bäuerlichem und nationalem Wohlstand ebenso beiträgt wie zu Afrikas kollektiver Ernährungssicherheit«.

Für diesen Modernisierungssprung in der Fläche sind moderne Kommunikationsmittel ideal. Mobiltelefone, Tablets und Computer bieten den Menschen in der Landwirtschaft ganz neue Möglichkeiten. Schon heute bedeutet ein Anruf in der nächsten Stadt, in dem der Bauer die Preise für seine Hirse oder seine Ziegen aushandelt, eine immense Verbesserung der Lage. Mithilfe des Smartphones, das sein Sohn vielleicht schon hat, kann er sich noch umfassender informieren, für private Zwecke, aber auch für seinen Kleinstbetrieb: Wettervorhersagen, Beratung, Bestandsmanagement, mobile Finanzdienstleistungen, Pflanzen- und Tierkrankheitsdiagnosen und deren Behandlung, all das ist mit modernen Netzwerken möglich. Afrika ist der Markt mit dem schnellsten Wachstum im Bereich der Informations- und Kommunikationstechnik. Die Hardware ist vorhanden, die Informationen liegen weitgehend vor. Entscheidend wird sein, sie zu bündeln und auf die Bedürfnisse der ländlichen Bevölkerung zuzuschneiden.

Durch bessere Ausbildung und individualisiertes Boden- und Anbaumanagement können die Erträge der Entwicklungsländer in kurzer Zeit mehr als verdoppelt werden – ohne Gentechnik. Dafür sind angepasste regionale Strukturen, örtliche Bewirtschaftungsformen, nachhaltige und ressourcenschonende Produktions- und Anbauverfahren erforderlich. Die Landwirtschaft darf nicht länger Problembeschleuniger des Klimawandels und des Artenverlusts, der Bodendegradation, der Waldrodung und des Wasserverbrauchs sein, sondern muss zum Problemlöser werden. Mit der Bindung von CO_2 in Wäldern und vor allem in Humus sollte ein Zusatzeinkommen erwirtschaftet und zugleich ein klimaneutrales Wachstum ermöglicht werden.

Jedes Land sollte das Potenzial seiner Landwirtschaft nutzen, je nach Boden, Klima, Landschaft und Tradition. Und dadurch die Selbstversorgung stärken. Dieser Strukturwandel kann nur gelingen, wenn der gesamte Mehrwert der agrarischen Wertschöpfungsketten auf dem Land erwirtschaftet wird – und zu großen Teilen auch dort bleibt. Der erste Schritt ist der Aufbau einer leistungsfähigen Agrar- und Ernährungswirtschaft. Ist das gelungen, kann auch die Nachfrage nach Baumaterialien, Handwerksleistungen, Reparaturdiensten, Handels- und Transportmöglichkeiten, Kleidung sowie Bildungs- und Gesundheitsleistungen befriedigt werden. So entstehen Arbeitsplätze, so gelingt eine Stärkung des ländlichen Raums – als Gegengewicht zur Abwanderung in die Stadt.

Genau dort, in den Slums der Megacitys, wird die Hoffnung von Millionen Menschen begraben: durch Drogen, Verrohung und Prostitution. Wir sehen es heute schon in Afrika. Weite Teile Kairos zum Beispiel sind kaum noch regierbar. Das gilt für das Schulwesen, den Verkehr, die Kriminalität. Denselben Eindruck hatte ich in Jaunde in Kamerun. Es sind keine Städte, wie wir sie in Europa kennen, mit Strukturen, die über Jahre und Jahrzehnte gewachsen sind. Das sind chaotische, rasend schnell entstandene Siedlungen, Kilometer um Kilometer.

Derzeit lebt bereits mehr als die Hälfte der Menschen in Städten. Bis zur Mitte des Jahrhunderts sollen es rund 70 Prozent sein. Wissenschaftler erwarten, dass sich die Zahl der Stadtbewohner in Schwellen- und Entwicklungsländern auf fünf bis sechs Milliarden Menschen nahezu verdoppeln wird. Eben diese Abwanderung vom Land in die Stadt, wie wir sie seit Jahrzehnten erleben, ist jedoch kein Schicksal. Ich wehre mich gegen die Zwangsläufigkeit, die dieser Entwicklung beigemessen wird. Sie kann nicht die Lösung sein.

Sollte es gelingen, den ländlichen Raum aufzuwerten und zu entwickeln, könnte der Megatrend zur Urbanisierung abgeschwächt werden. In der Regel verlassen die Menschen ihre Dörfer nicht freiwillig, sie gehen weg, weil sie auf dem Land kein Auskommen mehr für sich und ihre Kinder finden und wenig Perspektiven für die Zukunft sehen. Keine Nahrung, keine Jobs, keine Zukunft. Deshalb braucht die junge Generation der Kleinbauern eine Perspektive, und zwar dort, wo sie zu Hause ist, in den Dörfern und Siedlungen auf dem flachen Land.

Ein Beispiel, das zeigt, dass Veränderungen notwendig sind, ist der Kakaoanbau in Akoupé. Akoupé liegt im Südosten der Elfenbeinküste. Eine tiefgrüne, tropische Region mit Orangenbäumen, Bananen-, Kaffee- und Kakaoplantagen. Die Kakaofrüchte sind walnussgroß, sie wachsen an ein bis zwei Meter hohen Pflanzen. Sie werden mit der Machete von Hand geerntet, ein Knochenjob. Die Früchte mit ihren weißen Bohnen im Inneren werden auf Bananenblättern ausgebreitet und in der Sonne getrocknet. Anschließend wird der Rohkakao in Säcke gepackt. Die Weiterverarbeitung findet vor allem in Europa statt. Und genau hier liegt das Problem. Die entscheidenden, die rentablen Schritte in der Wertschöpfungskette sind ausgelagert. Gutes Geld wird auch an den internationalen Warenterminbörsen gemacht, wo Spekulanten die Preise für das Luxusprodukt Kakao in Teilen beeinflussen. Die Bauern dagegen erhalten nur einen äußerst kärglichen Tageslohn. Dabei helfen die Kinder der Familien häufig mit, meist unentgeltlich. Der Lebens- und Konsumstil in den Industrieländern fußt auf einer ungerecht organisierten Globalisierung.

Heute leben 40 bis 50 Millionen Menschen weltweit vom Anbau der Kakaobohne, die meisten davon unterhalb der Armutsgrenze. Allein in Westafrika arbeiten 2,3 Millionen Kinder auf Kakaoplantagen.

Viele davon ohne Lohn, ohne Schule, ohne Chance. Nehmen wir eine übliche Tafel Schokolade in deutschen Supermärkten: Nur sieben Prozent des Endverbraucherpreises dieser Tafel, drei bis vier Cent, bekommen die Kakaobauern, allein 80 Prozent gehen an die Produzenten oder entfallen auf den Handel. In Ghana liegt das Einkommen der Arbeiter auf den Kakaoplantagen bei etwa 84 Cent und in der Elfenbeinküste bei 50 Cent – pro Tag! Mit 50 Cent kann niemand auf der Welt ein halbwegs erträgliches Leben führen. Das ist eine Existenz knapp vor dem Verhungern.

Diese Wertschöpfungsketten sind nicht fair gestaltet. Die Ausbeutung durch multinationale Konzerne muss ein Ende haben! In den Plantagen arbeiten Menschen, nicht Sklaven. Und dass so viele Kinder ohne Entlohnung für unsere Luxusprodukte schuften, ist skandalös. In dieser Situation haben Handel und Ernährungsindustrie Verantwortung, das Gleiche gilt natürlich auch für den Verbraucher. Wir müssen uns die Frage stellen, woher die Produkte kommen und wie sie hergestellt werden. Faire Preise sollten eine Selbstverständlichkeit sein. Konsumenten können mit ihrer Kaufentscheidung fairen Handel unterstützen. Sie können zugleich Druck ausüben und zu besseren Lebensbedingungen von Kleinbauern und Plantagenarbeitern beitragen.

Was für die Zukunft erforderlich ist, ist ein wirkungsvoller globaler Ordnungsrahmen für Umwelt, Landwirtschaft und Ernährung. Die Fortschritte von Kleinbauern und Unternehmen vor Ort dürfen nicht durch unregulierte Marktkräfte und Finanzspekulationen zunichtegemacht werden. Die Erde hat das Potenzial, alle Menschen zu ernähren und ihnen ein Leben in Würde und mit Perspektive zu ermöglichen. Wir verfügen über das Wissen, die Technik und die notwendigen Instrumente. Jetzt kommt es darauf an, unsere Verantwortung wahrzunehmen und entschlossen zu handeln, diese Ansätze »in die Fläche« zu bringen und einen Modernisierungsschub auszulösen. Und zwar im Einklang mit der Natur, zum Wohle der Menschen heute und zum Wohle kommender Generationen.

Werte und Religion

- Die Vision einer friedlichen Entwicklung in der Welt benötigt ein Fundament universeller Werte.

- Wir finden es in den Weltreligionen, dem Weltethos und den Menschenrechten. Zusammen bilden sie eine Werteplattform, auf die sich religiöse wie nicht religiöse Menschen verpflichten können.

- Das in Teilen säkularisierte Europa sollte nicht von sich auf andere schließen: Die überwiegende Mehrheit der Menschen auf diesem Planeten ist durchaus religiös. Spiritualität ist weltweit tief im Denken wie im Handeln vieler Menschen verankert.

- Die Weltreligionen sind deshalb in der Entwicklungszusammenarbeit von großer Bedeutung. Der Glaube gibt Menschen Orientierung – nicht nur für ihr eigenes Leben; er hilft auch, andere Kulturen zu verstehen.

- Gegen Terror im Namen Gottes hilft kein »Kampf der Kulturen«, sondern gegenseitiger Respekt und Toleranz. Religiöser Extremismus kann letztlich nur von den Religionsgemeinschaften selber überwunden werden.

WIR SIND NUR EINEN WIMPERNSCHLAG lang auf diesem Planeten. Dies gilt ohne Ausnahme für jeden Einzelnen und genauso für die Menschheit insgesamt. Milliarden Jahre kam dieser Planet gut ohne uns Menschen aus – auch wenn manche das nicht so gern hören. Gerade in Zeiten des Individualismus und der Säkularisierung gibt es eine starke Tendenz zur Überhöhung der eigenen Person. Das betrifft in erster Linie die Menschen im Westen.

Als Politiker trage ich nur einige Jahre Verantwortung. Als Christ in der Politik liegt meinem Handeln ein Wertekonzept zugrunde: unser Tun vor Gott und kommenden Generationen zu verantworten. Die Würde des Menschen ist unteilbar und universell. Ein Kind im Sudan hat dasselbe Recht auf ein Leben in Würde wie ein Kind in Berlin. Wenn ich in Flüchtlingslagern in das Elend schaue, aber auch in strahlende Augen von Kindern, die Hoffnung haben, dann empfinde ich universelle Verantwortung und eine globale Empathie. Jeder Mensch hat ein Recht auf Leben und Würde, ob schwarz oder weiß, ob Mann oder Frau, ob gesund oder krank. Unsere Grundwerte sind Gleichberechtigung und Toleranz. Verantwortung als Christ heißt auch, die Schöpfung zu bewahren und Nachhaltigkeit sicherzustellen.

Nun muss man kein Christ sein, um diese Werte zu teilen. Vor 20 Jahren habe ich ein Buch des Theologen Hans Küng gelesen. Es hat mich tief beeindruckt und mir einen neuen Weg eröffnet – den Weg des Weltethos. Weltethos, so nennt Küng seine Werteplattform. Sie stützt sich auf alle Weltreligionen, zugleich können sich aber auch nicht religiöse Menschen im Sinne des Humanismus darauf verständigen. Zentral ist die goldene Regel, wie sie sich in allen Religionen und im Kern auch im kategorischen Imperativ eines Immanuel Kant findet: »Was du nicht willst, das man dir tut, das füg auch keinem anderen zu.« Ob Christ oder Nichtchrist, die Zehn Gebote bilden so etwas wie einen Grundkonsens: Du sollst nicht töten, nicht stehlen, nicht auf den Schwachen treten, sondern ihn achten und Verantwortung übernehmen.

Das erste Gebot interpretiere ich so: »Nimm dich selbst nicht zu wichtig, es gibt noch einen über uns, der die Dinge lenkt.« Das scheint mir wichtig in einer Zeit, in der wir uns im besonderen Maße den Herausforderungen der Zukunft stellen müssen. Klimawandel, Bevölkerungswachstum, internationaler Terrorismus, Konflikte und Flüchtlingsströme: Die Herausforderungen für die Entwicklungspolitik – und nicht nur für sie – werden immer komplexer und größer. Gerechtigkeit und Teilhabe in dieser Welt waren nie so dringend erforderlich wie heute. Auch deshalb, weil durch die Digitalisierung des Lebens selbst Menschen in den ärmsten und entlegensten Gegenden um die Ungerechtigkeit wissen. Wissen verändert Einschätzungen und Verhalten. Nur wenn die Betroffenen in ihrer Heimat Chancen für sich sehen, werden sie davon ablassen, ihre Zukunft in die Hände von kriminellen Schleppern zu legen.

Mir ist bewusst, dass es auch eine diametral andere Sichtweise gibt: Die Welt driftet auseinander, Konfrontation statt Kooperation bestimmt häufig die internationale Politik, Misstrauen gewinnt die Oberhand über Vertrauen. In dieser Perspektive befindet sich die Welt in einem »Kampf der Kulturen«. Aber wohin führt das? Ist der Klimawandel mit Misstrauen zu lösen? Die Bevölkerungsentwicklung mit Konfrontation? Ist der Terrorismus mit Krieg einzudämmen? Nein!

In der modernen Welt hängt alles mit allem zusammen. Zu meiner Grundüberzeugung gehört, dass wir uns an einer Weggabelung befinden. Wenn das 21. Jahrhundert nicht das Jahrhundert der Kooperation wird, wird es das Jahrhundert des Scheiterns werden. Die Komplexität, die Konflikte und Verstrickungen werden immer größer, bis hin zu einem Punkt, ab dem sie nicht mehr beherrschbar sind.

Wir brauchen nicht weniger, sondern mehr Kooperation, mehr gemeinsame Werte, mehr Dialog und mehr Vertrauen. Vor diesem Hintergrund stärkt die deutsche Entwicklungspolitik ganz bewusst die Zusammenarbeit mit den Religionen in der Welt. Wir brauchen diejenigen, die Einfluss auf das Denken und Handeln der Menschen haben.

Für ein Land, in dem die Gestaltungskräfte der christlichen Konfessionen schwächer werden, mag das ungewöhnlich klingen. In Teilen Deutschlands und Europas ist die Säkularisierung weit fortgeschritten.

Nur noch an hohen Festtagen sind die Kirchen voll. Auch bei Hochzeiten und Todesfällen suchen die Menschen noch den Beistand der Religion. In der Regel aber sind die Kirchen wenig besucht, viele werden verkauft oder umgewidmet. Wir sollten aber nicht vergessen, dass dies vor allem ein europäisches Phänomen ist. Wenn wir nur ein wenig über den Horizont hinausblicken, ergibt sich ein völlig anderes Bild. Mehr als 80 Prozent der Weltbevölkerung fühlen sich einer Religion zugehörig, sie glauben an einen Gott und viele an ein Leben nach dem Tod. In einer globalen Perspektive sehen wir uns durchaus einer religiös geprägten Welt gegenüber. Vieles deutet sogar darauf hin, dass die Bedeutung der Weltreligionen noch zunimmt.

Auch in vielen Partnerländern der deutschen Entwicklungspolitik sind die Menschen sehr religiös. In Nigeria zum Beispiel sagen 97 Prozent der Menschen, dass ihnen Religion wichtig ist. Die überwiegende Mehrheit, nämlich 91 Prozent, bringt religiösen Einrichtungen großes Vertrauen entgegen. Internationale Hilfsorganisationen kommen auf deutlich geringere Werte. Der nationalen Regierung vertrauen gerade einmal 38 Prozent der Nigerianer.

All das führt dazu, dass Menschen in Notsituationen oft religiöse Einrichtungen als erste Anlaufstelle für ihre Probleme aufsuchen. Der Glaube hilft ihnen, Verlust, Leid, Niederlagen und Katastrophen zu bewältigen. Gerade in den Entwicklungsländern sind die Religionen tief in der Gesellschaft, im Denken und Fühlen der Menschen verankert. Religionsgemeinschaften bilden Netzwerke, die sich oft bis in die entlegensten Gebiete erstrecken. Sie erreichen Menschen auch dort, wo es keine staatlichen Strukturen mehr gibt.

Überall auf der Welt und besonders in Afrika begegne ich Menschen, die die Motivation für ihr Engagement aus ihrem Glauben ziehen. Ich denke zum Beispiel an einen Pfarrer in Bangui, der Hauptstadt der Zentralafrikanischen Republik. Seine Gemeinde umfasst 15 000 Mitglieder, der Pfarrer kennt ihr Leid und ihre Not und hilft, wo er kann. Ich denke an die Ordensschwestern, ebenfalls in der Zentralafrikanischen Republik, die ihre Kirchen für Flüchtlinge öffnen. Oder an die Imame und Bischöfe in Nigeria, die sich für Frieden und

Dialog einsetzen – nicht selten unter Einsatz ihres Lebens. Beeindruckt haben mich ebenso der Bischof von Juba, die Ordensschwestern in Kolumbien und die Vertreter der verschiedenen Kirchen und Religionen in Ägypten.

Wer den Glauben in der Entwicklungspolitik allerdings nur unter einem funktionalen oder taktischen Gesichtspunkt sieht, wird ihm und auch den Gläubigen nicht gerecht. Die Quelle ihres religiösen Denkens und Fühlens ist spiritueller Natur – und dabei sehr differenziert, je nach Glaubensinhalten, Institutionen und Riten. Die Religion gibt den Menschen Sinn. Jede Glaubensrichtung hat dabei ihre eigene Geschichte – mit Blick auf Frieden und Gewalt, auf Gerechtigkeit, Armut und die Balance von Gemeinsamkeit und Verschiedenheit der einzelnen Menschen.

Viele Menschen ziehen aus dem Glauben nicht nur Kraft für ihr eigenes Leben. Er hilft ihnen auch, die Welt ihrer Mitmenschen besser zu verstehen – und auch die Welt anderer Glaubensrichtungen. Ihr Antrieb ist die Überzeugung, dass jeder Mensch ein Leben in Würde verdient. Unabhängig davon, wo er auf die Welt gekommen ist, weil jeder Mensch als Ebenbild Gottes erschaffen wurde. Bei Gesprächen mit Religionsvertretern wurde mir immer wieder deutlich: Wer die Welt, wer das Leben als Geschenk eines Schöpfers begreift, der trägt in sich auch eine besondere Verantwortung für den Nächsten, für Gerechtigkeit, auch für kommende Generationen.

Ohne die praktische Hilfe der Glaubensgemeinschaften wären Gesundheitsversorgung und Bildung oft undenkbar. Ein erheblicher Teil der sozialen Dienstleistungen in Afrika südlich der Sahara wird von religiösen Organisationen erbracht. Das gilt etwa auch für Kenia und Uganda.

Die Religionen sind eine wichtige Werteressource, die in der internationalen Zusammenarbeit bislang zu wenig gewürdigt wird. Für mich ist klar, dass eine nachhaltige Entwicklung und ein friedliches Zusammenleben langfristig nur gelingen können, wenn die verschiedenen, oft widerstreitenden gesellschaftlichen Kräfte zusammenwirken. Die Religionen der Welt gehören dazu. Deshalb haben wir einen

Religionsdialog aufgesetzt, mit dem wir diejenigen in den Weltregionen stärken wollen, die auf Frieden, Dialog, Toleranz und Ausgleich setzen.

Seitdem Terroranschläge im Namen Gottes verübt werden, haben allerdings viele Menschen Angst vor bestimmten Religionen, namentlich der muslimischen. Weltweit sind Menschen zur Geisel religiös motivierter Gewalttaten geworden. Nicht nur der Terror des sogenannten Islamischen Staats, sondern auch von Boko Haram haben zur Unterdrückung und zur systematischen Verletzung der Rechte von Frauen und Minderheiten geführt.

Oft wird Religion zur Legitimation von Gewalt und Menschenrechtsverletzungen missbraucht, oft liegen hier positive und negative Potenziale dicht beieinander. Religion kann identitätsstiftend wirken und Menschen zusammenbringen, sie kann aber auch ausgrenzen. In Konflikten können religiöse Autoritäten wie Brandlöscher wirken, aber auch wie Brandbeschleuniger. Religionsgemeinschaften sind oft Verfolgte, aber auch Verfolgende. Und manchmal beides zugleich.

Auch die christliche Religion hat in ihrer Geschichte häufig ihre dunkle Seite gezeigt. Auch sie diente häufig als Legitimation für Eroberung, Unterdrückung und Kolonialismus. Dafür gibt es zahlreiche Belege in Afrika und Asien wie auch in Südamerika. Andererseits kennen wir aus Lateinamerika auch die Befreiungstheologie und engagierte Katholiken, die sich gegen Unfreiheit und Unterdrückung gestellt haben. Auch Europa hat über Jahrhunderte erlebt, welches Leid sich die Menschen im Namen der Religion zufügen können. Im Dreißigjährigen Krieg verloren fast 40 Prozent der deutschen Bevölkerung ihr Leben. Das friedliche Zusammenleben der Konfessionen in Europa wurde mit viel Blut erkauft.

Wie können wir also sicherstellen, dass Religion nicht Teil des Problems ist, sondern Teil der Lösung? Wir müssen dazu diejenigen stärken und als Partner gewinnen, die sich innerhalb der Religionen für Frieden und Toleranz einsetzen, das staatliche Gewaltmonopol anerkennen und ein klares Bekenntnis zu Universalität, Unveräußerlichkeit und Unteilbarkeit der Menschenrechte zur Grundlage ihres Handelns machen.

Frieden nach innen und nach außen ist nur auf Grundlage gegenseitiger Wertschätzung und Toleranz möglich. Der religiöse Extremismus kann letztlich nur von den Religionsgemeinschaften selber überwunden werden. Nur durch Überzeugung, nicht durch Waffen.

Von großer Bedeutung ist eine Stärkung weltweiter Dialoge. In Burundi beispielsweise arbeitet der zivile Friedensdienst mit den lokalen Kirchen daran, die nach jahrelangem Bürgerkrieg verfeindeten Gruppen wieder an einen Tisch zu bringen. In Mauretanien und anderen afrikanischen Ländern ist es gelungen, muslimische Gelehrte für den Kampf gegen weibliche Genitalverstümmelung zu gewinnen. Dass religiöse Autoritäten diese Praxis verurteilen, ist besonders wichtig, um Frauen und Mädchen zu schützen.

Die evangelische und die katholische Kirche in Deutschland können auf eine lange Tradition erfolgreicher Entwicklungsarbeit zurückblicken. Ihr weltweiter Einsatz für Gerechtigkeit, die Einhaltung der Menschenrechte und ihr Engagement für die Ärmsten der Armen sind großartig. Könnten die Kirchenkritiker in Deutschland selbst einmal erleben, was die kirchlichen Träger vor Ort in Afrika, Indien oder Lateinamerika bewegen, sie wären stolz auf ihre Kirche. Insbesondere die jungen Menschen werden von der Kirche angesprochen und sind Zielgruppe für ihre Hilfe.

Den Armen zu helfen, zu teilen und Verantwortung zu übernehmen, dies ist ein durchgängiges Merkmal der Weltreligionen, sowohl in ihrer Theologie als auch im gelebten Glauben. Im Islam etwa ist die Hinwendung zu den Armen eine der fünf zentralen Pflichten eines jeden Gläubigen. Dabei geht es nicht nur um das Verteilen von Almosen, sondern darum, die Perspektive und die Stimme der Armen ernst zu nehmen. Die wirtschaftliche Entwicklung eines Landes verläuft anders, wenn sie sich an der »Option für die Armen« orientiert statt an maßlosem Gewinnstreben.

Die Weltreligionen stellen die Würde des Einzelnen in den Mittelpunkt und ebenso die Bewahrung der Schöpfung. Sie überwinden die Grenzen von Konfessionen, Nationen und sozialen Schichten – darin kommen sie der Eine-Welt-Vision bereits nahe. Zahlreiche Religionsvertreter leben das vor und sind Vorbilder, wie Papst Franziskus und der Dalai Lama. Für die Zukunft sehe ich eine fruchtbare Wechselwirkung zwischen den Weltreligionen mit ihren kollektiven Erfahrungen des Zusammenlebens über viele Generationen und der Agenda 2030, in deren Umsetzung sich ein neues Selbstverständnis der Weltgemeinschaft ausdrücken wird.

Religion ist für viele Menschen in der Welt das Wertegerüst, an dem sie sich orientieren. Sie gibt Halt und Sinn für das Leben und ist eine wichtige Grundlage für Frieden und Entwicklung.

EPILOG

Globalisierung gerecht gestalten – Erfahrungen, Erkenntnisse, Lösungen

Das globale Dorf

- Jahrmilliarden bereits existierte das Sonnensystem, bevor die Erde als neuer Planet entstand. Die Erde hat Gewässer, Ozeane, den Boden, Pflanzen, Tiere und Fische in unermesslicher Vielfalt hervorgebracht.

- Erst vor etwa vier Millionen Jahren entwickelte sich menschliches Leben. Der Mensch kam also sehr spät. Erdgeschichtlich betrachtet erst in den letzten fünf Minuten von 24 Stunden. Ausgangspunkt der Menschheit war der afrikanische Kontinent. Von dort aus eroberte der Mensch den Planeten. Er wurde sesshaft, entwickelte die Landwirtschaft, machte Erfindungen, umgrenzte Besitztümer, entfesselte den Wettbewerb untereinander, entwickelte Kulturen und entfachte Konflikte.

- Über Jahrhunderte, Jahrtausende entwickelte sich die Weltbevölkerung nur langsam. So lebten zu Zeiten Jesus' nur etwa 300 Millionen Menschen auf der Erde. Im 19. Jahrhundert zu Zeiten von Johann Wolfgang von Goethe übersprang die Menschheit die Zahl von einer Milliarde. Wer 1950 geboren ist, erlebte seitdem ein Wachstum der Menschheit um 250 Prozent auf heute annähernd acht Milliarden Menschen und zugleich eine immer weiter gehende Vernetzung unter den Menschen. Täglich wächst die Weltbevölkerung um 230 000 Menschen, das entspricht einem jährlichen Zuwachs von 80 Millionen. Von besonderer Dynamik ist die Bevölkerungsentwicklung in Afrika. Von heute 1,2 Milliarden Menschen wird sich die Bevölkerung in Afrika allen Voraussagen nach bis 2050 verdoppeln.

Eine Welt – im Austausch und Wettbewerb

- Wir Menschen stehen heute nicht nur im Austausch, sondern auch im Wettbewerb. Güter, Dienstleistungen, Kapital und Personen sind weltweit im Austausch. Wir tragen Kleidung aus Bangladesch, genießen den Kaffee aus Westafrika und sind durch das Fernsehen und das Internet weltumspannend vernetzt. Wissen und Informationen sind in Echtzeit rund um den Globus verfügbar.

- Daraus erwächst eine große Chance für Entwicklung, Bildung und Innovationstransfer in die Entwicklungsländer. Durch Internet, Handys und Smartphones wissen die Menschen in den Elendsgebieten der Welt, wie wir leben dürfen und können.

Der Belastungsdruck

- Seit 1950 hat sich nicht nur die Weltbevölkerung fast verdreifacht. Der Druck auf die Natur, auf Ressourcen und Klima ist gewaltig. So stieg der Wasserverbrauch um das Dreifache, erhöhte sich der CO_2-Ausstoß um das Vierfache und stieg die Weltwirtschaftsleistung um das Siebenfache. Uns allen ist bewusst: Der Planet hat Grenzen, und seine Ressourcen sind endlich. Deshalb kann auch das Wachstum nicht grenzenlos sein.

Unfaire Welt

- Acht Personen auf der Welt sind heute ebenso reich wie die arme Hälfte der Menschheit. Zehn Prozent der Menschen verfügen über 90 Prozent des Eigentums. 20 Prozent der Menschen haben 80 Prozent der Einkommen und verbrauchen 65 Prozent der Ressourcen.

- Die globalen Wertschöpfungsketten sind äußerst ungerecht gestaltet. So betragen die Stundenlöhne der Näherinnen in Asien und der Arbeiter auf den Kakaoplantagen und in den Coltan-Minen in Afrika nur wenige Cent. Diese Menschen erhalten keine existenzsichernden Löhne für ihre Arbeit. Die Menschen in den Entwicklungsländern und insbesondere in Afrika werden es auf Dauer nicht hinnehmen, dass ihre Ressourcen Grundlage unseres Wohlstands bilden, ohne dass sie einen gerechten Anteil an ihrer Nutzung erhalten.

- Frieden für das Zusammenleben im globalen Dorf setzt eine gerechte Weltordnung mit einem fairen Interessenausgleich zwischen Industrie-, Schwellen- und Entwicklungsländern voraus.

Flucht und Migration

- 65 Millionen Menschen, so viele wie nie zuvor, sind derzeit weltweit auf der Flucht. 90 Prozent von ihnen finden Aufnahme in den Entwicklungsländern. Bevölkerungsentwicklung, Kriege, Hunger, Klimaveränderungen haben Auswirkungen auf uns alle. Möglicherweise werden sich bald nicht nur Tausende, sondern Millionen Menschen in Richtung Europa aufmachen.

- Derzeit gibt es weltweit circa 250 Millionen Migranten, die meisten von ihnen bewegen sich zwischen Entwicklungs- und Schwellenländern. Im globalen Dorf hängt alles mit allem zusammen. Armut, Hunger und Arbeitslosigkeit überall zu beseitigen, ist gerade für die, die auf der Wohlstandsseite leben, ein ethisches Gebot. Aber nicht nur das, diese Probleme zu ignorieren, gefährdet unsere eigene Zukunft.

- Lebensgrundlagen zu erhalten, Bleibe- und Zukunftsperspektiven für die Menschen vor Ort zu erhalten und zu schaffen, ist möglich, wenn wir es wollen und entschieden handeln. Es geht um eine neue Partnerschaft für globalen Frieden und Entwicklung, fair und gerecht.

Lösungsansätze und Konsequenzen

- Ziel muss es sein, die Welt der nächsten Generation mindestens so intakt zu übergeben, wie wir sie übernommen haben. Zukunft braucht Werte, Mut und einen Paradigmenwechsel. Nachhaltigkeit muss das Prinzip all unseres Tuns sein. Ökonomisch, ökologisch, sozial und kulturell. Nach dem Prinzip der Vernunft und der Verantwortung sind wir verpflichtet zum Erhalt und zur Bewahrung des Lebens, der Schöpfung für kommende Generationen und zur Wahrung elementarer Menschenrechte wie des Rechts auf ein Leben in Würde für alle Menschen.

- Wir sind die erste Generation, die den Planeten mit ihrem Konsum und Wirtschaften an den Rande des Abgrunds bringen kann. Wir sind aber auch die erste Generation, die die Möglichkeiten und Instrumente besitzt, eine Welt ohne Hunger zu schaffen und ein Leben in Würde für alle zu ermöglichen. Wir leben in einer Welt und sitzen in einem Boot.

- Die Weltgemeinschaft hat sich mit mit dem New Yorker Zukunftsvertrag und der Festlegung von 17 Nachhaltigkeitszielen sowie der Verabschiedung des Pariser Klimaabkommens dazu bekannt, welcher Weg in die Zukunft zu gehen ist. Wir haben kein Erkenntnisproblem, wir wissen, was zu tun ist, und so sind wir alle aufgefordert, zu handeln.

- Es liegt nicht nur in der Verantwortung von Politik, Wirtschaft, Gesellschaft und Medien, zukunftsfähig zu handeln, sondern jeder Einzelne kann und muss seinen Beitrag erbringen. Die Globalisierung und der weltweite Handel haben die Welt zu einem globalen Dorf gemacht. Armut, Hunger und Arbeitslosigkeit in vielen Ländern der Erde konnten drastisch reduziert werden. Asien und insbesondere China haben hierzu die größten Beiträge geliefert.

Globalisierung gerecht gestalten

■ Globalisierung schafft Chancen, hat aber auch ihre Schattenseiten. Der Unterschied zwischen Arm und Reich hat sich vergrößert, nicht zwischen Industrie-, Schwellen- und Entwicklungsländern, aber innerhalb vieler Staaten.

■ Globalisierung verstanden als grenzenloser freier Markt ist nicht das Leitprinzip einer gerechten Weltgemeinschaft. Globalisierung gerecht zu gestalten heißt, alle teilhaben zu lassen an Wachstum und Wohlstand und Rücksicht zu nehmen auf den Schutz der globalen Güter unseres Planeten. Der weltweite Markt und Handel brauchen verbindliche soziale und ökologische Regeln und Standards zur Wahrung grundlegender Menschenrechte sowie kultureller Besonderheiten und zum Schutz der ökologischen Ressourcen des Planeten.

■ Markt und Wirtschaft, Wachstum und Wohlstand sind kein Selbstzweck. Wirtschaft hat den Menschen zu achten und dem Menschen zu dienen. Die soziale und ökologische Marktwirtschaft bietet den notwendigen Ordnungsrahmen, der weltweit zum Standard werden muss. Dazu bedarf es der Umsetzung weltweit geltender ethischer Regeln und Prinzipien. Notwendig sind starke Institutionen und eine Orientierung an Grundwerten. Unser Tun in Politik, Wirtschaft und Gesellschaft sollte in Verantwortung vor der Schöpfung und vor den kommenden Generationen erfolgen. Hierzu zählt auch ein Bekenntnis zu den ethischen Grenzen menschlichen Handelns.

■ Die Zeit drängt. Es entscheidet sich heute, ob wir an der Weggabelung, an der wir stehen, den richtigen oder einen falschen Weg einschlagen, wenn das zu erreichende Ziel eine gute Zukunft für alle Menschen und die Welt sein soll.

Leitlinien für das Leben im 21. Jahrhundert

1. Nimm dich selbst nicht zu wichtig, es gibt noch einen über uns, der die Dinge lenkt. Jahrmilliarden existiert das Sonnensystem. Lange bevor es den Menschen auf dieser Erde gab, gab es Leben.

2. Wir sind Teil eines großen Ganzen. Trage deshalb Verantwortung für den Erhalt der Schöpfung und auch für kommende Generationen.

3. Achte das Recht jedes Menschen auf der Erde auf ein Leben in Würde.

4. Übernimm als Starker eine besondere Verantwortung für die Schwachen. Es geht uns etwas an, wie es dem anderen geht. Nur wenn es auch anderen gut geht, kann es uns langfristig gut gehen.

5. Lebe deine Verantwortung. Nur mit verantwortlichem Handeln sind wir glaubwürdig.

6. Schaffe Frieden und Gerechtigkeit nach innen mit dir selbst und nach außen mit deinem Umfeld. Frieden in der Familie, Frieden in der Gemeinde, Frieden unter den Völkern.

7. Achte jeden Menschen unabhängig von Hautfarbe, Herkunft, Religion, Geschlecht oder ökonomischer Leistungsfähigkeit.

8. Verantworte deinen Lebensstil und Konsum vor dir selbst, deinen Mitmenschen, der Gemeinschaft und kommenden Generationen.

9. Gestalte dein Leben, nutze deine Chancen und Möglichkeiten und denke immer daran, dich in den Dienst für das Gemeinwohl zu stellen, für deine Familie, dein Dorf, dein Land, die ganze Welt. Wer gibt, erfährt einen neuen Sinn im Leben.

10. Schütze das Leben in seiner ganzen Vielfalt. Der Glaube oder eine humanistische Orientierung können dir dabei Wegweiser und Orientierung sein.

AUSGEWÄHLTE LITERATUR

Arthus-Bertrand, Yann: *Die Erde von oben*. Hamburg 2010

Asserate, Asfa-Wossen: *Die neue Völkerwanderung. Wer Europa bewahren will, muss Afrika retten*. Berlin 2016

Caparrós, Martín: *Der Hunger*. Berlin 2015

Collier, Paul: *Exodus. Warum wir Einwanderung neu regeln müssen*. München 2013

Dalai Lama: *Das Buch der Menschlichkeit. Eine neue Ethik für unsere Zukunft*. Köln 2000

Franziskus, Papst: *Laudato si'. Über die Sorge für das gemeinsame Haus. Die Umwelt-Enzyklika mit Einführung und Themenschlüssel*. Stuttgart 2015

Hösle, Vittorio: *Moral und Politik. Grundlagen einer politischen Ethik für das 21. Jahrhundert*. München 1997

Kissinger, Henry: *Weltordnung*. München 2014

Kleber, Claus; Paskal, Cleo: *Spielball Erde. Machtkämpfe im Klimawandel*. München 2012

Köhler, Horst (Hg.): *Schicksal Afrika. Denkanstöße und Erfahrungsberichte*. Hamburg 2010

Küng, Hans: *Handbuch Weltethos. Eine Vision und ihre Umsetzung*. München 2012

Möllers, Nina et al.: *Willkommen im Anthropozän. Unsere Verantwortung für die Zukunft der Erde*. München 2014

Perry, Alex: *In Afrika. Reise in die Zukunft*. Frankfurt am Main 2016

Radermacher, Franz Josef; Beyers, Bert: *Welt mit Zukunft. Die ökosoziale Perspektive*. Hamburg 2013

Radermacher, Franz Josef; Riegler, Josef; Weiger, Hubert: *Ökosoziale Marktwirtschaft. Historie, Programmatik und Alleinstellungsmerkmale eines zukunftsfähigen globalen Wirtschaftssystems*. München 2011

Sachs, Jeffrey D.: *Das Ende der Armut. Ein ökonomisches Programm für eine gerechte Welt*. München 2005

DANKSAGUNG

Ich bin außerordentlich dankbar, das Amt des Entwicklungsministers ausüben zu dürfen. Es ist ein Privileg, weltweit fast täglich in Gesprächen, Konferenzen, aber besonders in Begegnungen vor Ort den Austausch mit fremden Kulturen zu erleben. Insbesondere meine vielfältigen Erfahrungen und gemeinsamen Erlebnisse mit den Menschen in den Entwicklungsländern in Asien und Afrika haben mein Denken und Fühlen verändert. Daraus entstand meine Motivation, mit der Unterstützung meiner Freunde, dieses Buch als Aufruf zur Gestaltung einer gerechteren Welt zu verfassen.

Mein besonderer Dank gilt der fachlich und menschlich großartigen Unterstützung durch Herrn Bert Beyers und Frau Professor Estelle Herlyn.

Herr Professor Franz Josef Radermacher hat mich mit seinem Institut, dem FAW/n in Ulm, seiner großen Erfahrung und Leidenschaft inspiriert und fachlich begleitet. Er hat mir zudem den Austausch mit Wissenschaftlern und Experten des Club of Rome und erfahrenen Vordenkern und Unternehmern im Senat der Wirtschaft eröffnet.

Der Agentur photothek.net danke ich für die eindrucksvollen Bilder, die auf meinen Reisen entstanden sind. Zudem möchte ich hervorheben, dass die Agentur auf ihr Honorar für die Bildrechte in diesem Buch verzichtet, da mein Autorenhonorar an zwei wohltätige Stiftungen gespendet wird.

Ein besonderer Dank gilt meiner Frau Gertie, die mit Rat und Tat an der Gestaltung des Buches mitgewirkt hat und meine Arbeit mit großer Empathie unterstützt.